PFIFFIGE IDEEN FÜR LECKERE

Pfannkuchen

In gleicher Ausstattung sind bisher erschienen:

Kochen, braten und andere Ideen mit APFEL
Abwechslungsreich und köstlich – GRILLEN
Pikante und vielseitige Kochideen mit KOHL
Natürlich und gesund – tolle Rezepte mit OLIVENÖL
Raffinierte und köstliche Ideen mit SPARGEL
Vielseitige Ideen mit WILD
Abwechslungsreiche und pikante Ideen mit ZWIEBELN

© Karl Müller Verlag, Danziger Straße 6, D-91052 Erlangen

Konzeption: Susanne Kattenbeck
Titelbild: The Food Professionals, Sprockhövel, Fuchs Gewürze

1 2 3 4 5 6 7   3 2 1 00 9

Inhalt

Zu unserem Buch:
Alle Rezepte sind – wenn nicht anders angegeben – für 4 Personen berechnet.

Abkürzungen:
cl = Zentiliter
EL = Esslöffel
g = Gramm
kg = Kilogramm
l = Liter
ml = $1/1000$ l (1 g)
Msp. = Messerspitze
Pck. = Packung
1 Tasse = $1/8$ l (etwa eine normale Teetasse)
TK = Tiefkühl…
TL = Teelöffel

Vorwort

Es ist kaum zu glauben, welch vielfältige Gerichte man mit solch einfachen Grundzutaten wie Mehl, Eiern, Milch und Fett zaubern kann. Ob pikant, herzhaft oder süß, ob als Vorspeise, Hauptmahlzeit oder Dessert – Pfannkuchen, Waffeln und Crêpes bieten Gaumenfreuden für jeden Geschmack. Schnell und mit wenig Aufwand lassen sich diese preiswerten Speisen mit raffinierten Füllungen, mit Käse überbacken oder ganz einfach mit verschiedenen Früchten zubereiten.

Bei der Herstellung der leckeren Speisen kommt es vor allem auf die Zutaten an. Wer auf gesunde Ernährung Wert legt, sollte daher ganz besonders auf die Rohstoffe achten, mit denen Pfannkuchen, Waffeln und Crêpes zubereitet werden:

Das Mehl
Statt Weizenmehl (Type 405) eignet sich Vollkornweizenmehl sehr gut, das aus dem vollen Korn gemahlen wird und aufgrund des geringeren Verarbeitungsgrades wesentlich mehr wertvolle Vitamine, Mineralien und Ballaststoffe enthält als normales Mehl. Man sollte jedoch nicht zu grob gemahlenes oder geschrotetes Mehl verwenden, denn je feiner die Vermahlung ist, desto lockerer und leichter werden die Gerichte. Außerdem kann man neben Weizenmehl zum Beispiel auch Buchweizenmehl verwenden.

Die Eier
Hier ist vor allem die Frische entscheidend. Man sollte nicht nur auf das Haltbarkeitsdatum achten, sondern auch auf das Verhalten nach dem Aufschlagen: Bei frischen Eiern verlaufen Eiweiß und Eigelb nicht. Eier gibt es in verschiedenen Größen. Sie werden folgendermaßen klassifiziert: XL: über 70 g; L: 65–70 g; M: 60–65 g; S: 50–55 g. Für die Rezepte in diesem Buch verwenden Sie – wenn nicht anders angegeben – am besten Eier der Größe M.

Die Milch
Milch oder Sahne machen die Gerichte zwar kalorienreicher, verbessern aber auch den Geschmack. Wer auf Kalorien achten muss, sollte fettarme Milch oder Buttermilch verwenden.

Das Fett
Vor allem beim Fett kommt es auf die Qualität an. Zu empfehlen sind Fette und Öle mit einem hohen Anteil an mehrfach ungesättigten Fettsäuren, die lebenswichtig sind (essentielle Fettsäuren). Der Körper kann sie nicht selbst herstellen, sondern muss sie mit der Nahrung aufnehmen. Pflanzliche Fette sind reich an diesen wichtigen Fettsäuren. Für Pfannkuchen, Waffeln und Crêpes ist zum Beispiel Sonnenblumenöl oder pflanzliche Margarine hervorragend geeignet.

In unserem Kochbuch finden Sie bei verschiedenen Rezepten weitere Tipps, die Ihnen helfen, Pfannkuchen, Waffeln und Crêpes perfekt zuzubereiten.
Verwöhnen Sie sich, Ihre Familie und Ihre Freunde mit diesen kulinarischen Köstlichkeiten.

Gefüllte Pfannkuchen mit Schinken und Salami

Für den Teig:
130 g Mehl
3 Eier
$1/8$ l Milch
Salz, Pfeffer
Öl zum Backen

Für die Füllung:
2 rote Paprikaschoten
2 gelbe Paprikaschoten
1 Bund Lauchzwiebeln
150 g gekochter Schinken
100 g Mini-Salami
2 EL Öl
Salz, Pfeffer
Koriander, gemahlen

Kirschtomaten und frischer
Koriander zum Garnieren

Mehl, Eier und Milch zu einem glatten Teig verrühren. Mit Salz und Pfeffer würzen und 30 Minuten ruhen lassen.
In der Zwischenzeit die Paprikaschoten halbieren, Kerne und weiße Trennwände entfernen, das Gemüse waschen und in feine Streifen schneiden. Die Lauchzwiebeln putzen, waschen und in Ringe schneiden. Den Schinken in mundgerechte Stückchen, die Salami in Scheiben schneiden.
Jeweils etwas Öl in einer Pfanne erhitzen, nacheinander 4 Pfannkuchen backen und warm stellen.
Für die Füllung das Öl in der Pfanne erhitzen und das Gemüse darin ca. 5 Minuten dünsten. Schinken und Wurst zufügen und kurz anbraten. Mit Salz, Pfeffer und Koriander würzen.
Die Pfannkuchen auf 4 Teller verteilen, jeweils auf die Hälfte die Füllung geben und die andere Hälfte darüber klappen.
Die Tomaten waschen und halbieren. Die Pfannkuchen mit frischen Korianderblättchen und Tomatenhälften garnieren.

Flämischer Bauernpfannkuchen

200 g Mehl
4 Eier
1 Prise Salz
$3/8$ l Milch
evtl. etwas Mineralwasser
1 Zwiebel
130 g roher Schinken, in dünne Scheiben geschnitten
Öl zum Backen

Das Mehl sieben. Die Eier trennen. Eigelbe, Salz und Milch zu einem dünnflüssigen Teig verrühren und 30 Minuten ruhen lassen. Sollte der Teig zu fest geworden sein, mit etwas Mineralwasser verdünnen.
Die Zwiebel pellen und fein hacken. Die Eiweiße zu steifem Schnee schlagen und mit der Zwiebel unter den Teig rühren. Die Schinkenscheiben in 4 Portionen teilen.
Jeweils etwas Öl in einer Pfanne erhitzen und die Schinkenportionen nacheinander auf beiden Seiten kurz anbraten. Dann jeweils etwas Teig einfüllen, nacheinander 4 Pfannkuchen auf jeder Seite ca. 3 Minuten backen, aus der Pfanne nehmen und warm halten.
Die Pfannkuchen auf 4 Teller verteilen und mit Feld-, Kopf- oder Tomatensalat servieren.

Spaghettipfannkuchen mit Bauernschinken

250 g Spaghetti
1 EL Öl

Für den Teig:
150 g Mehl
1/4 l Milch
1 Ei
1 Prise Salz
Öl zum Backen

Für die Füllung:
4 Tomaten
100 g Pinienkerne
200 g Bauernschinken
2 Zwiebeln
1/2 Bund glatte Petersilie
2 Äpfel (z. B. Boskoop)
300 ml Weißwein
etwas Öl
100 g süße Sahne
einige Spritzer Tabasco
Salz, Pfeffer

Die Spaghetti in kochendem Salzwasser bissfest garen, abschrecken, einen Esslöffel Öl unterziehen und beiseite stellen.

Mehl, Milch, Ei und Salz zu einem glatten Teig verrühren und 30 Minuten ruhen lassen.

Inzwischen die Tomaten mit heißem Wasser überbrühen, abziehen, halbieren, Kerne und Stielansätze entfernen und das Gemüse würfeln. Die Pinienkerne in einer Pfanne ohne Fett rösten. Den Bauernschinken in Streifen schneiden. Die Zwiebeln schälen und fein würfeln. Die Petersilie waschen, trockenschütteln und die Blättchen von den Stielen zupfen. 12 Blättchen beiseite stellen, die restliche Petersilie fein hacken. Die Äpfel waschen, halbieren und das Kerngehäuse entfernen. 1 1/2 Äpfel schälen, in grobe Stifte schneiden und mit Wein beträufeln. Die Zwiebelwürfel in etwas Öl in einem Topf anschwitzen. Den Schinken zufügen und ebenfalls anschwitzen. Die Apfelstifte dazugeben, kurz mitdünsten und mit 200 ml Wein ablöschen. Etwas einkochen lassen. Die Apfelstifte sollten nicht zu weich werden. Den Topf anschließend beiseite stellen.

80 g Pinienkerne mit 30 g Sahne in einem Topf pürieren, mit Tabasco abschmecken und etwas einkochen lassen. Tomatenwürfel und gehackte Petersilie hinzufügen, salzen und pfeffern und den Topf beiseite stellen.

Den restlichen halben Apfel mit der Schale in 12 Spalten schneiden und knapp mit Wasser bedecken.

Etwas Öl in einer Pfanne erhitzen, ein Viertel der Spaghetti leicht darin anbraten, salzen und pfeffern. Ein Viertel des Pfannkuchenteigs darauf geben. Von beiden Seiten goldgelb backen und im Backofen bei 50 °C warm halten. Weitere 3 Pfannkuchen ebenso backen und warm halten.

Die Apfel-Schinken-Füllung und die Pinienkernsoße erhitzen und eventuell nochmals abschmecken. Die Spaghettipfannkuchen mit der Apfel-Schinken-Masse füllen, aufrollen, mit Petersilienblättchen und Apfelspalten dekorieren und mit der Soße servieren.

TIPP *Die Apfelsorte Boskoop schmeckt säuerlich und eignet sich hervorragend zum Kochen und Backen. Am besten schmecken Boskoop von Dezember bis April.*

Pfannkuchen mit Wiener Würstchen

Für den Teig:
130 g Blütenzarte Hafer-
flocken
2 EL Mehl
3 Eier (Größe L)
1/8 l Milch
1/8 l Mineralwasser
Salz, Pfeffer
Öl zum Backen

Für die Füllung:
300 g Lauch
200 g Wiener Würstchen
etwas Öl

Die Haferflocken mit dem Mehl, den Eiern, der Milch, dem Mineral-
wasser und den Gewürzen gut verrühren und 30 Minuten ruhen
lassen.
Den Lauch putzen, waschen und schräg in feine Ringe schneiden. Die
Wiener Würstchen in dünne Scheiben schneiden. Etwas Öl in einen
Topf geben und den Lauch darin andünsten.
Für die Pfannkuchen jeweils etwas Öl in einer Pfanne erhitzen und
Teig für 3 kleine Pfannkuchen einfüllen. Die Pfannkuchen mit Würst-
chenscheiben belegen, mit Lauch bestreuen und von beiden Seiten
goldgelb backen. Warm stellen und weitere Pfannkuchen backen, bis
der Teig aufgebraucht ist.
Dazu schmeckt Endiviensalat.

Überbackene Pfannkuchenröllchen mit Wurst

Für die Füllung:
1 Zwiebel (ca. 50 g)
1 Knoblauchzehe
30 g Butter
200 g Egerlinge
250 g süße Sahne
Salz, weißer Pfeffer
1 EL Mehl
100 g TK-Erbsen
150 g Fleischwurst

Für den Teig:
130 g Mehl
2 Eier
1 Prise Salz
1/4 l Milch
60 g Margarine
50 g geriebener Käse

Die Zwiebel und den Knoblauch schälen und fein hacken. Die Butter
in einer Pfanne erhitzen und die Zwiebel sowie den Knoblauch darin
anschwitzen. Die Pilze abziehen, in feine Scheiben schneiden, zur
Zwiebel-Knoblauch-Mischung geben und kurz andünsten. Die Sahne
mit etwas Salz, Pfeffer und dem Mehl verrühren, zu den Pilzen geben
und cremig einkochen lassen. Die angetauten Erbsen und die Fleischwurst zugeben, aufkochen und beiseite stellen.
Für den Teig Mehl, Eier, Salz und Milch verrühren und 30 Minuten
ruhen lassen. Zum Backen der Pfannkuchen eine Pfanne auswählen,
die im Durchmesser ungefähr identisch mit dem der Auflaufform ist.
Den Backofen auf 200 °C vorheizen.
50 g Margarine portionsweise in der Pfanne erhitzen, aus dem Teig
nacheinander 5–6 Pfannkuchen backen und aufrollen. Eine Auflaufform mit der restlichen Margarine ausstreichen und die Pfannkuchen-
rollen hineinlegen. Die Erbsen-Wurst-Soße darüber verteilen und mit
dem Käse bestreuen. Im Backofen auf der untersten Schiebeleiste ca.
15 Minuten überbacken.
Dazu schmeckt ein knackiger Salat.

Überbackene Pfannkuchen mit Hackfleisch

Für den Teig:
200 g Mehl
1/4 l Milch
2 Eier
1 Prise Salz
Öl zum Backen

Für die Füllung:
1 Zwiebel
2 EL Margarine
300 g Hackfleisch
2 EL Tomatenmark
Salz, Pfeffer

Für die Käsesoße:
2 EL Margarine
2 EL Mehl
1/4 l Gemüsebrühe
60 g Schmelzkäse
Salz, Pfeffer

Mehl, Milch, 1/8 l Wasser, Eier und Salz zu einem zähflüssigen Teig verrühren und 30 Minuten ruhen lassen.

Inzwischen für die Füllung die Zwiebel schälen und fein würfeln. Die Margarine in einem Topf erhitzen und das Hackfleisch darin krümelig braten. Zwiebelwürfel und Tomatenmark zufügen, alles kurz durchschmoren lassen, mit Salz und Pfeffer abschmecken und beiseite stellen.

Für die Käsesoße die Margarine in einem Topf schmelzen, das Mehl hineinstäuben und kurz anschwitzen. Mit der Brühe ablöschen und unter Rühren zum Kochen bringen. Den Schmelzkäse mit einer Gabel zerdrücken, zur Soße geben und so lange unter Rühren erwärmen, bis er ganz geschmolzen ist. Die Soße mit Salz und Pfeffer abschmecken.

Den Backofen auf 220 °C vorheizen.

Jeweils etwas Öl in einer Pfanne erhitzen und nacheinander 4 Pfannkuchen von beiden Seiten goldbraun backen. Die Hackfleischfüllung gleichmäßig darauf verteilen, die Pfannkuchen aufrollen und nebeneinander in eine feuerfeste Form legen. Die Käsesoße darüber gießen, die Form in den Ofen schieben und die Pfannkuchen ca. 10 Minuten überbacken, bis die Oberfläche leicht braun ist.

Pfannkuchen mit Chili con carne

Für den Teig:
4 Eier
280 g Mehl
1/2 TL Salz
1/2 l Milch
Öl zum Backen

Für die Füllung:
2 EL Öl
400 g Hackfleisch
1 Beutel Fix für Chili con carne
1 Dose Kidneybohnen

Die Eier verquirlen, Mehl, Salz und Milch zufügen und kräftig mit dem Schneebesen schlagen. So viel Milch unterrühren, dass ein glatter dünnflüssiger Teig entsteht. Den Teig 30 Minuten ruhen lassen.

Für das Chili das Öl in einem Topf erhitzen, das Hackfleisch zufügen und krümelig braten. Das Fix für Chili con carne nach Packungsanweisung zufügen, die Kidneybohnen abtropfen lassen und zum Chili geben. Das Ganze 45–60 Minuten köcheln lassen.

Jeweils etwas Öl in einer Pfanne erhitzen, nacheinander 8 Pfannkuchen backen und warm halten. Die Pfannkuchen auf 4 Teller verteilen und das Ragout auf die Pfannkuchen geben. Heiß servieren.

Pfannkuchen mit Camembert und Schnittlauch

(für 6 Personen)

Für den Teig:
3 Eier
³/₈ l Milch
200 g Mehl
Salz, Pfeffer
Öl zum Backen

Für die Füllung:
350 g Camembert
1 Bund Schnittlauch
Fett für das Backblech
250 g Preiselbeerkonfitüre

Die Eier trennen. Die Eigelbe mit der Milch und dem Mehl glatt rühren. Die Eiweiße steif schlagen und unter den Teig heben. Mit Salz und Pfeffer würzen und 30 Minuten ruhen lassen.

Jeweils etwas Öl in einer Pfanne erhitzen, nacheinander 6 Pfannkuchen backen und beiseite stellen.

Den Backofen auf 200 °C vorheizen.

Den Camembert in ¹/₂ cm dicke Scheiben schneiden. Den Schnittlauch waschen, trockenschütteln und in feine Röllchen schneiden. Die Camembertscheiben auf die Pfannkuchen verteilen und mit Schnittlauchröllchen bestreuen.

Die Pfannkuchen zusammenklappen und auf einem gefetteten Backblech im Backofen auf der mittleren Schiebeleiste ca. 7 Minuten backen. Die Pfannkuchen auf 6 vorgewärmte Teller verteilen und mit Preiselbeerkonfitüre servieren.

Pfannkuchen mit Ricotta-Tomaten-Füllung

Für den Teig:
200 g Mehl
³/₈ l Mineralwasser
2 Eier
Salz
Öl zum Backen

Für die Füllung:
2 Zwiebeln
2 Knoblauchzehen
3 EL Olivenöl
100 g Tomatenmark
750 g Tomaten in Stücken
Salz, Pfeffer, Paprika
3 Stiele Basilikum
230 g Oliven (mit Paprika gefüllt)
200 g Ricotta
30 g geriebener Parmesan

Mehl, Mineralwasser, Eier und Salz zu einem glatten Teig verrühren und 30 Minuten ruhen lassen.

Inzwischen für die Füllung die Zwiebeln und den Knoblauch schälen. Die Zwiebeln klein hacken, den Knoblauch durch die Presse drücken. Das Olivenöl in einem Topf erhitzen, Knoblauch und Zwiebelwürfel darin andünsten. Das Tomatenmark und 500 g Tomatenfruchtfleisch zufügen und 5 Minuten köcheln lassen. Mit Salz, Pfeffer und Paprika abschmecken. Das Basilikum waschen, trockenschütteln und die Blättchen von den Stielen zupfen. Die Oliven in Scheibchen schneiden, den Ricotta würfeln und beides unter die Tomatenmasse rühren. Den Backofen auf 200 °C vorheizen.

Jeweils etwas Öl in einer Pfanne erhitzen und nacheinander 4 Pfannkuchen backen. Die Tomatenmasse auf die Pfannkuchen streichen und die Hälfte der Basilikumblätter darüber streuen. Die Pfannkuchen aufrollen, in breite Stücke schneiden und aufrecht in eine flache Auflaufform setzen. Das restliche Tomatenfruchtfleisch in die Zwischenräume füllen und die Pfannkuchen mit Parmesan bestreuen. Die Form in den Ofen schieben und die Pfannkuchen ca. 20 Minuten überbacken. Mit den restlichen Basilikumblättchen garnieren und servieren.

Gefüllte Käsepfannkuchen

Für den Teig:
2 Eier
$1/4$ l Milch
250 g Mehl
1 TL Salz
Öl zum Backen

Für die Füllung:
$1/2$ Bund Frühlingszwiebeln
200 g Camembert
1 Birne
50 g gehackte Walnüsse
2 EL Himbeeressig

Eier, Milch, Mehl, $1/4$ l Wasser und das Salz glatt rühren und 30 Minuten ruhen lassen.
Für die Füllung die Frühlingszwiebeln putzen, waschen und in Ringe schneiden. Den Camembert in feine Stifte schneiden. Die Birne schälen, halbieren, das Kerngehäuse entfernen und die Frucht in Würfel schneiden. Alle Zutaten mit den Walnüssen und dem Essig vermengen.
Jeweils etwas Öl in einer Pfanne erhitzen, nacheinander 8 Pfannkuchen backen und abkühlen lassen. Die Pfannkuchen zu Tüten falten und mit der Käsemischung füllen.
Dazu schmeckt ein knackiger Salat.

Überbackene Pfannkuchen mit Grünkohl

Für den Teig:
2 Eier
$1/8$ l Milch
100 g Mehl
Öl zum Backen

Für die Füllung:
500 g Grünkohl
2 Zwiebeln
20 g Butterschmalz
Salz, Pfeffer
Muskatnuss, gerieben

Für die Schmantsoße:
30 g Mehl
$1/4$ l Gemüsebrühe
2 EL Schmant
Salz, Pfeffer
100 g Schafskäse

Die Eier, die Milch, $1/8$ Liter Wasser, das Mehl und eine Prise Salz zu einem glatten Teig verrühren und 30 Minuten ruhen lassen.
Für die Füllung den Grünkohl waschen, putzen und abtropfen lassen. Die Zwiebeln pellen und in dünne Spalten schneiden. Das Butterschmalz in einem Topf erhitzen und die Zwiebelspalten darin andünsten. Den Grünkohl zufügen und zugedeckt ca. 20 Minuten dünsten. Ab und zu umrühren. Mit Salz, Pfeffer und Muskatnuss abschmecken.
Jeweils etwas Öl in einer Pfanne erhitzen und nacheinander 8 Pfannkuchen backen. Den Grünkohl auf die Pfannkuchen verteilen, zu Tüten falten und die Pfannkuchen in eine Auflaufform schichten.
Den Backofen auf 200 °C vorheizen.
Für die Schmantsoße das Mehl in einem Topf ohne Fett bei milder Hitze rösten, bis es zu duften beginnt. Die Gemüsebrühe einrühren und 5 Minuten köcheln lassen. Dann den Schmant unterrühren, mit Salz und Pfeffer abschmecken und über die Pfannkuchen gießen.
Den Schafskäse zerbröckeln und über die Pfannkuchen streuen.
Die Auflaufform in den Backofen schieben und die Pfannkuchen ca. 25 Minuten überbacken.

Gemüsepfannkuchen mit Tomatensoße

Für den Teig:
4 Eier
80 ml Rapsöl
1 gestrichener TL Salz
200 g Mehl
100 ml Milch
Rapsöl zum Backen

Für die Füllung:
1–2 Paprikaschoten
(ca. 250 g)
250 g TK-Erbsen
1 EL Rapsöl
1 EL Butter
Salz, Pfeffer
100 g gekochter Schinken
150 g Champignons
2 EL Petersilie, gehackt

Für die Tomatensoße:
1/4 l Gemüsebrühe
1 Pck. Tomatenpüree
1 TL Tomatenmark
4 EL süße Sahne
1 Schuss Cream Sherry
1 TL Basilikum, fein gehackt

Die Eier trennen und das Öl mit den Eigelben und dem Salz gut verquirlen. Das Mehl sieben. Abwechselnd Mehl und Milch mit dem Schneebesen unter die Ölmischung rühren, bis ein glatter Teig entsteht. Den Teig 30 Minuten quellen lassen.

Für die Füllung die Paprikaschoten halbieren, Kerne und weiße Trennwände entfernen, das Gemüse waschen und würfeln. Die Erbsen antauen lassen. Rapsöl und Butter in einer Pfanne erhitzen. Paprika und Erbsen darin ca. 20 Minuten zugedeckt bei milder Hitze garen. Mit Salz und Pfeffer würzen.

Inzwischen den Schinken würfeln, die Champignons abreiben und in Scheiben schneiden. Beides unter das Gemüse heben und heiß werden lassen. Die Petersilie zufügen und das Ganze zugedeckt warm stellen.

Für die Soße die Gemüsebrühe zum Kochen bringen, das Tomatenpüree einrühren und eine Minuten kochen lassen. Tomatenmark und Sahne unterrühren. Mit Sherry abschmecken, mit Basilikum bestreuen und warm halten.

Die Eiweiße steif schlagen und unter den Teig heben. Jeweils etwas Öl in einer Pfanne erhitzen, nacheinander 4 Pfannkuchen backen und auf 4 Teller verteilen. Das Gemüse jeweils auf eine Pfannkuchenhälfte geben und die andere Hälfte darüber klappen.

Die Tomatensoße zu den Pfannkuchen reichen.

TIPP *Rapsöl zählt zu den gesündesten Ölen. Es kann zum Beispiel vor Bluthochdruck sowie vor Arterienverengung schützen. Der Anteil an einfach ungesättigten Fettsäuren überwiegt beim Rapsöl zwar, doch auch die mehrfach ungesättigten Fettsäuren wie beispielsweise Linolsäure sind in ausreichenden Mengen vorhanden. Außerdem ist der Anteil an unerwünschten gesättigten Fettsäuren so gering wie bei keinem anderen Pflanzenöl.*

Überbackene Spinatpfannkuchen mit Mozzarella ▷

Für den Teig:
300 g Mehl
4 Eier
1/2 l Milch
1 Prise Salz
Öl zum Backen

Für die Füllung:
400 g Blattspinat
1 Knoblauchzehe
2 EL Olivenöl
Salz, Pfeffer
100 g roher Schinken
250 g Mozzarella

etwas Butter

Mehl, Eier, Milch und Salz zu einem glatten Teig verrühren und 30 Minuten ruhen lassen.

In der Zwischenzeit den Spinat verlesen, waschen und abtropfen lassen. Die Knoblauchzehe schälen und durch die Knoblauchpresse drücken. Das Olivenöl in einem Topf erhitzen und den Spinat darin andünsten. Mit Salz, Pfeffer und Knoblauch würzen. Den Schinken würfeln. Den Mozzarella zur Hälfte in Scheiben und zur Hälfte in Würfel schneiden.

Den Backofen auf 200 °C vorheizen.

Jeweils etwas Öl in einer Pfanne erhitzen und nacheinander 8 Pfannkuchen backen.

Die Pfannkuchen mit dem Spinat belegen und mit Schinken- und Mozzarellawürfeln bestreuen. Die Pfannkuchen aufrollen und nebeneinander in eine gefettete Auflaufform legen. Mit den Mozzarellascheiben belegen und im Backofen überbacken, bis der Käse leicht zerläuft. Heiß servieren.

Pfannkuchen mit Spargel

1 kg grüner Spargel
1 Bund Petersilie

Für den Teig:
130 g Mehl
300 ml Milch
2 Eier
Salz, weißer Pfeffer
Öl zum Backen

Für die Käse-Wein-Soße:
150 g gekochtes Kasseler
2 TL Speisestärke
200 ml Weißwein
200 g Sahne-Schmelzkäse
1 hart gekochtes Ei

Den Spargel schälen, in kochendem Salzwasser in 15 Minuten garen und gut abtropfen lassen. Inzwischen die Petersilie waschen, trockentupfen und fein hacken.

Das Mehl mit der Milch und den Eiern verquirlen, salzen, pfeffern und 30 Minuten ruhen lassen.

Inzwischen das Kasseler fein würfeln. Die Speisestärke mit 2 Esslöffeln Wein verrühren. Den übrigen Wein in einem Topf aufkochen, teelöffelweise den Käse zufügen und schmelzen lassen. Das Wein-Stärke-Gemisch zufügen und unter Rühren kochen, bis die Soße bindet. Das Ei pellen und fein hacken. Die Kasselerwürfel und das Ei unter die Käse-Wein-Soße heben und warm halten.

Jeweils etwas Öl in einer Pfanne erhitzen und nacheinander 4 Pfannkuchen backen. Die Pfannkuchen auf 4 Teller verteilen, jeweils zur Hälfte mit Spargel belegen, die Soße darüber gießen, die Pfannkuchen zusammenklappen und mit Petersilie bestreut servieren.

Rote-Bete-Pfannkuchen *(Abb. oben links)*

2 kleine Rote Bete
(ca. 300 g)
2–3 EL gehackte Weizen-
körner (Reformhaus)
2 EL Weizenvollkornmehl
3 Eier
1–2 EL Quark (20 %)
$^1/_2$ TL Honig
Salz, weißer Pfeffer
Koriander, gemahlen
Öl zum Backen

Die Rote Bete schälen und fein reiben. Mit Weizenkörnern, Vollkorn-
mehl, Eiern, Quark, Honig und den Gewürzen zu einem Teig ver-
rühren und 30 Minuten ruhen lassen.
Jeweils etwas Öl in einer Pfanne erhitzen und nacheinander 8 kleine
Pfannkuchen von beiden Seiten goldgelb backen.
Dazu schmeckt ein knackiger Blattsalat.

Möhrenpfannkuchen *(Abb. unten links)*

300–400 g Möhren
3–4 EL Weizenvollkornmehl
1 Ei
1 EL Petersilie, gehackt
Salz, weißer Pfeffer
2 EL Haselnüsse, grob
gehackt (Reformhaus)
Öl zum Backen

Die Möhren schälen, waschen und fein reiben. Mit dem Vollkornmehl
und dem Ei vermengen. Petersilie, Gewürze und Nüsse untermischen
und den Teig 30 Minuten ruhen lassen. Jeweils etwas Öl in einer
Pfanne erhitzen und nacheinander 8 kleine Pfannkuchen von beiden
Seiten goldgelb backen.
Dazu passt Blattspinat.

Kürbispfannkuchen *(Abb. rechts)*

100 g Weizenvollkornmehl
2 EL süße Sahne
3 Eier
Salz, weißer Pfeffer
ca. 400 g Kürbisfleisch
2 EL Sonnenblumenkerne
Öl zum Backen

Aus Vollkornmehl, Sahne, Eiern, Salz und Pfeffer einen Teig rühren.
Das Kürbisfleisch fein raspeln, mit den Sonnenblumenkernen unter-
rühren und den Teig 30 Minuten ruhen lassen.
Jeweils etwas Öl in einer Pfanne erhitzen und nacheinander 8 kleine
Pfannkuchen von beiden Seiten goldgelb backen.
Dazu schmeckt Spinatsalat.

Pfannkuchen mit Lauch und Sprossen

Für den Teig:
150 g Weizenvollkornmehl
1/4 l Milch
Salz, 1 Prise Muskatnuss
4 Eier
Öl zum Backen

Für das Gemüse:
2 Stangen Lauch
100 g Erbsen
200 g Sojasprossen
2 rote Paprikaschoten
20 g Butter
1/2 TL Honig
Salz, Kreuzkümmel
2 EL Sojasoße
4 EL geriebener Käse

Vollkornmehl, Milch, Salz, Muskatnuss und Eier zu einem glatten Teig verrühren und 30 Minuten ruhen lassen.

In der Zwischenzeit den Lauch putzen, waschen und in sehr feine Ringe schneiden. Erbsen und Sojasprossen waschen und abtropfen lassen. Die Paprikaschoten halbieren, Kerne und weiße Trennwände entfernen, das Gemüse waschen und in feine Streifen schneiden.

Die Butter in einem Topf erhitzen und die Lauchringe darin goldgelb dünsten. Sojasprossen, Erbsen und Paprikastreifen zufügen und ca. 10 Minuten bei geringer Hitze dünsten. Mit Honig, Salz, Kreuzkümmel und Sojasoße abschmecken.

Jeweils etwas Öl in einer Pfanne erhitzen, 4 große Pfannkuchen backen und auf 4 Teller verteilen, das Gemüse darauf geben, mit dem Käse bestreuen und servieren.

Maispfannkuchen mit Basilikumquark

1 kleine Dose Gemüsemais

Für den Teig:
4 Eier
1/4 l Milch
150 g Weizenvollkornmehl
1 Prise Salz
Öl zum Backen

Für den Basilikumquark:
1/2 Bund Basilikum
2 Knoblauchzehen
400 g Magerquark
150 g Jogurt, natur
Salz, Pfeffer
3 rote Zwiebeln

Die Maiskörner abspülen und in einem Sieb abtropfen lassen.
Die Eier mit der Milch verquirlen, Mehl und Salz unterrühren und den Teig 30 Minuten ruhen lassen.

Für den Basilikumquark das Basilikum waschen, trockenschütteln, die Blättchen von den Stielen zupfen und klein hacken. Den Knoblauch abziehen und durch die Knoblauchpresse drücken. Quark, Jogurt, Knoblauch und Basilikum verrühren und mit Salz und Pfeffer abschmecken. Die Zwiebeln pellen und in feine Ringe schneiden.

Jeweils etwas Öl in einer Pfanne erhitzen, pro Pfannkuchen etwa 2 Esslöffel Teig in die Pfanne geben, glatt streichen und ein wenig Mais darauf verteilen. Die Pfannkuchen ca. 2 Minuten von jeder Seite bei mittlerer Hitze backen.

Pfannkuchen, Basilikumquark und Zwiebelringe auf 4 Tellern anrichten und servieren.

Gefüllte Pfannkuchenbonbons

Für den Teig:
250 g Mehl
1/4 l Milch
4 Eier
1 Prise Salz
Öl zum Backen

Für die Füllung:
150 g Kümmelkäse
200 g Möhren
200 g Chicorée
frische Kräuter nach Wahl
1 Stange Lauch (ca. 200 g)
50 g roher Schinken

Aus Mehl, Milch, 1/4 l Wasser, Eiern und Salz einen glatten Teig rühren und 30 Minuten ruhen lassen. Jeweils etwas Öl in einer Pfanne erhitzen, nacheinander 12 Pfannkuchen backen und abkühlen lassen. Den Käse fein würfeln. Die Möhren putzen, waschen, in Stifte schneiden und in 2–3 Esslöffeln Wasser ca. 5 Minuten dünsten. Den Chicorée putzen, waschen, halbieren und den bitteren Strunk keilförmig herausschneiden. Den Chicorée in Streifen schneiden und in kochendem Wasser 1 Minute blanchieren. Die Kräuter waschen, trockenschütteln und fein hacken. Den Lauch putzen, waschen, die Blätter einzeln ablösen und ca. 3 Minuten blanchieren. Kalt abschrecken und in lange, ca. 1 cm breite Streifen schneiden 24 Lauchstreifen beiseite stellen. Den Schinken würfeln und mit Käse, Möhren, Chicorée, Lauch und den Kräutern mischen.
Den Backofen auf 200 °C vorheizen.
In die Mitte jedes Pfannkuchens ca. 2 Esslöffel der Mischung füllen und aufrollen. Mit den Lauchstreifen die Enden der Pfannkuchen zusammenbinden. Die Pfannkuchen in einer Auflaufform nebeneinander legen und ca. 10 Minuten im Backofen erhitzen. Heiß servieren.

Überbackene Lauchpfannkuchen

Für den Teig:
1/8 l Milch
4 Eier
4 EL Mehl
1 Prise Salz
Öl zum Backen

Für die Füllung:
400 g Lauch
40 g Butter
1 EL Mehl
1/8 l Gemüsebrühe
6 EL süße Sahne
Salz, Pfeffer
100 g geriebener Gouda

Die Milch mit den Eiern verquirlen. Das Mehl und das Salz unterziehen. Jeweils etwas Öl in einer Pfanne erhitzen, nacheinander 4 Pfannkuchen backen und abkühlen lassen.
Für die Füllung den Lauch putzen, waschen und in feine Ringe schneiden. Die Butter in einem Topf erhitzen, die Lauchringe darin andünsten und mit Mehl bestäuben. Mit der Gemüsebrühe und der Sahne ablöschen und 10 Minuten offen köcheln lassen. Mit Salz und Pfeffer abschmecken.
Den Backofen auf 220 °C vorheizen.
Die Lauchfüllung auf die Pfannkuchen verteilen und einrollen. Die Pfannkuchenröllchen in eine Auflaufform legen, mit Gouda bestreuen und 5 Minuten überbacken.
Die Pfannkuchenröllchen auf 4 Teller verteilen und heiß servieren.

Zucchinipfannkuchen

120 g Weizenvollkornmehl
1/2 Tasse Milch
1/4 Tasse süße Sahne
2 Eier
Salz, weißer Pfeffer
3 mittelgroße Zucchini
2 EL Sonnenblumenkerne
Öl zum Backen

Aus Mehl, Milch, Sahne, Eiern, Salz und Pfeffer einen Teig rühren und 30 Minuten ruhen lassen.

Die Zucchini waschen und fein raspeln. Die Sonnenblumenkerne in einer Pfanne ohne Fett leicht anrösten und abkühlen lassen. Zucchini und Sonnenblumenkerne unter den Teig ziehen.

Jeweils etwas Öl in einer Pfanne erhitzen und nacheinander 8 Pfannkuchen von beiden Seiten goldgelb backen.

Dazu schmeckt Tomatensalat.

Gefüllte Möhrenpfannkuchen

Für den Teig:
1/4 l Milch
4 Eier
130 g Mehl
Salz, Pfeffer, Kardamom
Öl zum Backen

Für die Füllung:
400 g Möhren
150 g gekochter Schinken

Für den Petersilienquark:
1 kleine Zwiebel
1 Bund glatte Petersilie
250 g Quark (20 %)
4 EL Milch
1 EL mittelscharfer Senf
Salz

Die Milch mit den Eiern verquirlen. Das Mehl in eine Schüssel sieben und die Milch-Ei-Masse unterrühren. Mit Salz, Pfeffer und Kardamom würzen und den Teig 30 Minuten ruhen lassen.

Für die Füllung die Möhren putzen, waschen und in Scheiben schneiden. 1 l leicht gesalzenes Wasser in einem Topf zum Kochen bringen und die Möhren darin 5 Minuten blanchieren. Den Schinken in kleine Würfel schneiden.

Jeweils etwas Öl in einer Pfanne erhitzen und aus dem Teig nacheinander 4 Pfannkuchen backen. Dabei für jeden Pfannkuchen den Teig dünn in die Pfanne geben, darauf 1/4 der Möhren und 1/4 des Schinkens verteilen und mit Teig bedecken. Die Pfannkuchen von beiden Seiten goldgelb backen.

Inzwischen für den Petersilienquark die Zwiebel schälen und klein hacken. Die Petersilie waschen, trockenschütteln, die Blättchen von den Stielen zupfen und fein hacken. Den Quark mit der Milch und dem Senf verrühren, Zwiebel und Petersilie unterziehen und mit Salz abschmecken.

Die Pfannkuchen auf 4 Teller verteilen, eine Hälfte mit Quark bestreichen und die andere Hälfte darüber klappen. Sofort servieren.

TIPP *Möhren haben den höchsten Vitamin-A-Gehalt aller Gemüse. Sie enthalten außerdem Kalzium, Phosphor und Sodium sowie Karotin. Wenn Sie Möhren roh verzehren, sollten Sie gleichzeitig etwas Fett wie Öl oder Butter zu sich nehmen, denn nur so kann das Karotin vom Körper aufgenommen werden.*

Pfannkuchen mit Blaubeeren

4 Eier
180 g Mehl
50 g Margarine, zerlassen
1/2 TL Salz
200 ml Milch
300 g Blaubeeren
Öl zum Backen
Zitronenmelisseblättchen
zum Garnieren
Ahornsirup

Die Eier mit dem Mehl und der abgekühlten Margarine verquirlen. Das Salz zufügen und unter ständigem Rühren die Milch hinzugießen. Den Pfannkuchenteig 30 Minuten ruhen lassen.
In der Zwischenzeit die Blaubeeren waschen und gut abtropfen lassen.
Jeweils etwas Öl in einer Pfanne erhitzen und nacheinander 12 kleine Pfannkuchen von beiden Seiten goldbraun backen. Jeweils 3 Pfannkuchen auf einem Teller übereinander legen und dazwischen die Blaubeeren geben. Die Pfannkuchen mit Zitronenmelisseblättchen garnieren und dazu den Ahornsirup reichen.

Pfannkuchen mit Erdbeersoße

Für die Erdbeersoße:
500 g Erdbeeren
2 EL Zucker
1 EL Orangenlikör

Für den Teig:
3 Eier
100 g Mehl
1/4 l Milch
1 Prise Salz
abgeriebene Schale von einer halben unbehandelten Zitrone
2 EL Zucker
Öl zum Backen

etwas Puderzucker

Die Erdbeeren putzen, waschen und die Hälfte der Früchte mit dem Mixer pürieren. Den Zucker und den Orangenlikör untermengen. Die restlichen Erdbeeren in Scheiben schneiden, in das Püree geben und kalt stellen.
Für den Teig die Eier trennen. Mehl, Milch, Salz, Zitronenschale und Eigelbe in einer Schüssel glatt rühren. Die Eiweiße zu steifem Schnee schlagen, dabei den Zucker nach und nach einrieseln lassen. Den Teig 30 Minuten ruhen lassen und anschließend den Eischnee unterziehen.
Jeweils etwas Öl in einer Pfanne erhitzen und nacheinander 4 Pfannkuchen von beiden Seiten goldbraun backen. Die Pfannkuchen auf 4 Teller verteilen, auf eine Hälfte jeweils ein Viertel der Erdbeersoße füllen und die andere Hälfte darüber klappen.
Mit Puderzucker bestäuben und warm servieren.

TIPP *Erdbeeren sind aufgrund ihres hohen Gehalts an Mineralstoffen und an Vitamin C besonders wertvoll. In der Volksmedizin gelten sie außerdem wegen ihres hohen Eisengehalts als wirksames Mittel gegen Blutarmut.*

Pfannkuchen mit Äpfeln und Weizenkeimen

Für den Teig:
1/2 l Milch
3 Eier
200 g Mehl
50 g Weizenkeime
2 EL Zucker
1 Prise Salz
Öl zum Backen

Außerdem:
4 Äpfel
4 EL Rosinen
10 g Mandeln, gestiftet

Die Milch mit den Eiern verrühren, nach und nach das gesiebte Mehl, die Weizenkeime, den Zucker und das Salz zufügen, zu einem glatten Teig verrühren und 30 Minuten ruhen lassen.

Jeweils etwas Öl in einer Pfanne erhitzen, nacheinander 8 Pfannkuchen backen und warm stellen.

Die Äpfel waschen, halbieren, das Kerngehäuse entfernen und die Früchte in feine Spalten schneiden. Äpfel, Rosinen und Mandeln kurz in einer Pfanne ohne Öl bei milder Hitze andünsten.

Die Pfannkuchen auf 4 Teller verteilen, mit Apfelspalten, Rosinen und Mandeln garnieren und servieren.

Vollkornpfannkuchen mit Apfelmus

Für den Teig:
80 g Weizenvollkornmehl
4 Eier
1 Prise Salz
180 ml Mineralwasser
Öl zum Backen

Für das Apfelmus:
8 rotbackige Äpfel
(à ca. 100 g)
4 EL Zitronensaft
100 ml Apfelsaft

Außerdem:
40 g Kernige Haferflocken
1 EL Zucker

Mehl, Eier, Salz und Mineralwasser zu einem glatten Teig verrühren und 30 Minuten ruhen lassen.

Inzwischen für das Mus die Äpfel waschen, einen Apfel vierteln, das Kerngehäuse entfernen und die Frucht in Spalten schneiden. Mit 2 Esslöffeln Zitronensaft beträufeln und beiseite stellen. Die restlichen Äpfel schälen, halbieren, vierteln, das Kerngehäuse entfernen und die Früchte in kleine Stücke schneiden. Den restlichen Zitronensaft mit dem Apfelsaft, 200 ml Wasser und den Apfelstückchen in einem Topf zum Kochen bringen. Ein Drittel der Apfelstückchen aus dem Topf nehmen, die übrigen weich kochen. (Sollte das Mus zu dick sein, noch etwas Apfelsaft zufügen). Anschließend die herausgenommenen Apfelstückchen wieder unter das Mus heben.

Die Haferflocken in einer Pfanne ohne Fett goldgelb rösten, herausnehmen und zur Seite stellen.

Jeweils etwas Öl in einer Pfanne erhitzen und nacheinander 4 Pfannkuchen backen.

Die Pfannkuchen mit dem Apfelmus auf 4 Tellern anrichten, mit den gerösteten Haferflocken und etwas Zucker bestreuen. Mit den Apfelspalten garnieren und servieren.

Vollkornpfannkuchen mit Fruchtcocktail

Für den Teig:

2–3 Eier
250 g Weizenvollkornmehl,
feinst gemahlen
(Reformhaus)
1 Prise Salz
200–250 ml Milch
40 g Butter, zerlassen
Öl zum Backen

Für den Fruchtcocktail:

1 Mango
2 Kiwis
150 g Erdbeeren
1 EL flüssiger Fruchtzucker
(Reformhaus)

Die Eier trennen, das Eiweiß zu steifem Schnee schlagen. Mehl, Eigelb, Salz, Milch und Butter zu einem glatten Teig verrühren und 30 Minuten quellen lassen. Kurz vor dem Backen das Eiweiß unterheben.

Inzwischen die Mango und die Kiwis schälen und in Scheiben schneiden. Die Erdbeeren waschen, entstielen, vierteln oder ebenfalls in Scheiben schneiden.

Jeweils etwas Öl in einer Pfanne erhitzen und zwei Kellen Teig gleichmäßig darin verteilen. Den Teig von jeder Seite 3–5 Minuten goldgelb backen. Diesen Vorgang wiederholen, bis der Teig aufgebraucht ist. Die Pfannkuchen auf vorgewärmten Tellern anrichten und mit dem Obst belegen. Mit dem Fruchtzucker beträufeln und eventuell mit Melisse- oder Minzeblättchen garniert servieren.

TIPP *Die Pfannkuchen ergeben eine leichte Sommermahlzeit. Vorweg schmeckt eine Gemüsesuppe.*

Pfannkuchen mit Kirschquark

Für den Teig:

3 Eier
1/4 l Milch
200 g Mehl
2 EL Zucker, 1 Prise Salz
Öl zum Backen

Für den Kirschquark:

1 Glas Schattenmorellen
500 g Magerquark
6 EL Milch
4 EL Zucker
1 Päckchen Vanillinzucker

Die Eier mit der Milch verquirlen. Mehl, Zucker und Salz in eine Schüssel geben, mit der Milch-Ei-Masse zu einem glatten Teig verrühren und 30 Minuten ruhen lassen.

In der Zwischenzeit für den Kirschquark die Schattenmorellen in einem Sieb abtropfen lassen. Den Quark mit der Milch, dem Zucker und dem Vanillinzucker verrühren und die Kirschen unterheben. Jeweils etwas Öl in einer Pfanne erhitzen, nacheinander 4 Pfannkuchen backen und warm stellen.

Die Pfannkuchen auf 4 Teller verteilen, die Füllung auf die Pfannkuchen streichen, aufrollen und sofort servieren.

Gefüllte Pfannkuchen mit Orangen

(für 6 Personen)

20 g Butter
30 g Zucker
60 g Blütenzarte Hafer-
flocken

Für den Teig:
60 g Mehl
70 g Instant-Haferflocken
4 Eier
1 Prise Salz
1 TL Puderzucker
200 ml Milch
1 EL Rum
30 g Butter zum Backen
Öl zum Backen

Für die Füllung:
2 Orangen
2 cl Orangenlikör
500 g Vanilleeis
Puderzucker

Butter, Zucker und Blütenzarte Haferflocken in einer Pfanne gold-braun rösten und auf einem Backblech abkühlen lassen.

Mehl, Instant-Haferflocken, Eier, Salz, Puderzucker, Milch und Rum zu einem glatten Teig verrühren und 30 Minuten kalt stellen.

Butter und Öl in einem kleinen Topf leicht erwärmen, sodass die Butter flüssig wird, jeweils etwas davon in eine Pfanne geben und nacheinander 6 Pfannkuchen im heißen Fett ausbacken.

Während die Pfannkuchen backen, die Orangen schälen, die weißen Häutchen entfernen und die Früchte in Filets teilen.

Die Pfannkuchen auf 6 Teller verteilen und mit dem Likör bestreichen. Das Vanilleeis mit dem Eisportionierer zu Kugeln formen und mit den Orangenfilets in die Mitte der Pfannkuchen geben. Die Pfannkuchen darüber klappen und mit Puderzucker und gerösteten Haferflocken bestreuen.

TIPP Orangen zählen zu den vitaminreichsten Früchten. Sie enthalten außerdem Mineralstoffe und Spurenelemente. Zur Stärkung der Widerstandskräfte gegen Erkältung und Frühjahrsmüdigkeit sind Orangen hervorragend geeignet.
Entfernen Sie die unter der Schale der Früchte liegende weiße Schicht unbedingt vor dem Verzehr, denn diese beeinträchtigt den Geschmack stark.

Pfannkuchenröllchen mit Pflaumen

Für den Teig:
3 Eigelbe
200 g Mehl
1/4 l Milch
1 Prise Salz
1 EL Zucker
1 EL Vanillinzucker
1 Päckchen Spekulatius-
Gewürz
Öl zum Backen

Für die Füllung:
3 Eiweiße
1 Prise Salz
250 g frische Pflaumen
(oder 1 Glas Pflaumen)
1 EL Zimt
2 EL Zucker
500 g Vanilleis
Zitronenmelisseblättchen
zum Dekorieren

Die Eier trennen. Mehl, Eigelb, Milch, Salz, Zucker, Vanillinzucker und Spekulatius-Gewürz zu einem glatten Teig verrühren und 30 Minuten ruhen lassen.

Inzwischen die Pflaumen waschen, halbieren und entsteinen (Pflaumen aus dem Glas gut abtropfen lassen).

Den Backofen auf 180 °C vorheizen.

Jeweils etwas Öl in einer Pfanne erhitzen und nacheinander 4 Pfannkuchen backen.

Die Eiweiße mit einer Prise Salz steif schlagen. Die Pfannkuchen auf ein gefettetes Backblech legen, mit Pflaumenhälften gleichmäßig belegen und mit Eischnee bestreichen. Den Zimt mit dem Zucker mischen und über den Eischnee streuen. Etwas Zimt-Zucker zum Dekorieren zurückbehalten. Die belegten Pfannkuchen im Backofen ca. 10 Minuten backen und noch heiß vorsichtig aufrollen.

Mit dem Eisportionierer Vanilleeiskugeln formen und diese mit den Pfannkuchenröllchen auf 4 Tellern anrichten. Mit dem restlichen Zimt-Zucker bestreuen, mit Zitronenmelisseblättchen dekorieren und sofort servieren.

Bananenpfannkuchen

2 Eier
30 g Zucker
100 g Mehl
100 ml Kokosmilch
6 Bananen
Öl zum Backen
1 EL Butter
20 ml Zitronensaft

Die Eier mit dem Zucker schlagen, bis sie hell und cremig sind. Portionsweise das Mehl und die Kokosmilch unterheben. Die Bananen schälen, drei Bananen mit einer Gabel zerdrücken und unter den Teig mischen. Den Teig 30 Minuten ruhen lassen.

Die übrigen Bananen der Länge nach und dann quer halbieren.

Jeweils etwas Öl in einer Pfanne erhitzen, nacheinander 4 Pfannkuchen backen und warm stellen. Die Butter in der Pfanne erhitzen und die Bananenviertel bei milder Hitze kurz anbraten.

Die Pfannkuchen auf 4 Teller verteilen, zu Vierteln falten, mit Zitronensaft besprenkeln, mit den gebratenen Bananen garnieren und servieren.

Palatschinken mit Quark-Mohn-Füllung

(für 6 Personen)

Für den Teig:
2 Eier
200 ml Milch
50 ml Mineralwasser
100 g Mehl
30 g Zucker
1 Päckchen Citro-back
1 Prise Salz
1 Päckchen Vanillinzucker
Öl zum Backen

Für die Füllung:
3 Eier
500 g Schichtkäse
1 Päckchen Mohn-back
2 Päckchen Rum-back
1 Päckchen Citro-back

Außerdem:
150 g Crème fraîche
150 ml Milch
1 Ei
1 Päckchen Vanillinzucker
30 g Zucker
20 g Speisestärke
50 g Mandeln, gehobelt
Puderzucker
250 ml Kirschsoße

Eier, Milch, Mineralwasser, Mehl, Zucker, Citro-back, Salz und Vanillinzucker zu einem glatten Teig verrühren.

Jeweils etwas Öl in einer Pfanne erhitzen, nacheinander 6 dünne Palatschinken backen und warm stellen.

Die Eier trennen. Schichtkäse, Mohn-back, Rum-back, Citro-back und Eigelbe miteinander verrühren. Die Eiweiße steif schlagen und vorsichtig unterheben. Jeweils 3 gehäufte Esslöffel der Füllung auf die Palatschinken verteilen und aufrollen. Die Palatschinken nebeneinander in eine Auflaufform legen.

Den Backofen auf 200 °C vorheizen.

Die Crème fraîche mit der Milch, dem Ei, dem Vanillinzucker, dem Zucker und der Speisestärke verrühren und über die Palatschinken gießen. Mit gehobelten Mandeln bestreuen und im Ofen ca. 30 Minuten goldbraun backen. Die Palatschinken aus dem Backofen nehmen, dekorativ in einer Glasform anrichten und mit Puderzucker bestäuben. Dazu die Kirschsoße reichen.

TIPP *Mandeln haben einen hohen Nährwert. Sie enthalten ca. 55 % Mandelöl, ca. 20 % Eiweiß und ca. 15 % Kohlenhydrate.*

Topfenpalatschinken

(für 8 Personen)

Für den Teig:
160 g Mehl
50 g Instant-Haferflocken
3/8 l Milch
1 Prise Salz
2 Eier
Öl zum Backen

Für die Füllung:
30 g Rosinen
1 EL Rum
100 g Butter
3 EL Zucker
2 Eigelbe
250 g Magerquark
30 g Kernige Haferflocken

Außerdem:
Butter für die Form
2 Eigelbe
3 EL Milch
Puderzucker

Mehl, Instant-Haferflocken, Milch und Salz glatt rühren. Die Eier ganz leicht unterziehen, sodass man noch Streifen von Eiweiß und Eigelb sehen kann. Jeweils etwas Öl in einer Pfanne erhitzen, nacheinander 8 dünne Palatschinken backen und erkalten lassen.

Für die Füllung die Rosinen in Rum und etwas Wasser quellen lassen. Butter, Zucker und Eigelbe schaumig rühren. Quark, Rosinen und Haferflocken untermischen.

Den Backofen auf 200 °C vorheizen.

Die Palatschinken dick mit der Quarkcreme bestreichen, aufrollen und dicht nebeneinander in eine gefettete Auflaufform legen. Eigelbe und Milch miteinander verquirlen, über die Palatschinkenröllchen gießen und im Backofen auf der untersten Schiebeleiste ca. 20 Minuten überbacken.

Vor dem Servieren mit Puderzucker bestäuben.

TIPP *Rosine ist der Sammelbegriff für getrocknete Weinbeeren. Man unterscheidet in der Regel drei Sorten: Korinthen, Sultaninen und Weinbeeren. Rosinen enthalten zwar bis zu 75 % Zucker, aber auch die meisten Wirkstoff der Traube (Kalium, Kalzium, Magnesium und Eisen) in konzentrierter Form. Beim Einkauf sollten Sie darauf achten, dass die Rosinen ungeschwefelt sind, da durch das Schwefeldioxid Kopfschmerzen und Durchfall ausgelöst werden können.*

Käsewaffeln mit Wurstsalat

(für 8 Waffeln)

Für den Wurstsalat:

1 Bund Radieschen
2 rote Zwiebeln
400 g Fleischwurst
100 g Rauke
6 EL Öl
3 EL Weinessig
1/2 TL Senf
Salz, Pfeffer, Zucker
1 Bund Schnittlauch

Für die Käsewaffeln:

100 g Butter
3 Eier
1/2 TL Salz
250 g Mehl
1 Msp. Backpulver
100 g Emmentaler
Fett für das Waffeleisen

Die Radieschen putzen, waschen und in feine Stifte schneiden. Die Zwiebeln schälen und in feine Ringe schneiden. Die Fleischwurst in Scheiben schneiden. Die Rauke waschen, gut abtropfen lassen und in mundgerechte Stücke zupfen. Öl, Essig und Senf verrühren und mit Salz, Pfeffer und Zucker abschmecken. Das Dressing über die Salatzutaten gießen und gut mischen. Den Schnittlauch waschen, trockenschütteln, in kleine Röllchen schneiden und unter den Wurstsalat heben.

Für die Käsewaffeln Butter, Eier und Salz mit dem Handrührgerät schaumig schlagen. Das Mehl mit dem Backpulver mischen und unterziehen. Nach und nach 1/4 l Wasser zufügen. Den Käse reiben und unterrühren. Das Waffeleisen aufheizen und vor dem Backen der ersten Waffel dünn mit Margarine oder Butterschmalz einpinseln. Den Teig mit einem Esslöffel einfüllen, glatt streichen und nach gewünschtem Bräunungsgrad backen. Die Waffeln nebeneinander auf ein Kuchengitter legen, die Herzen mit einem scharfen Messer trennen und überstehende Ränder mit einer Schere abschneiden. Die Waffeln mit dem Wurstsalat servieren.

Dazu passt ein spritziger Rotwein.

Würzige Käsewaffeln

(für 12 Waffeln)

100 g Butter
3 Eier
250 g Mehl
Salz, Pfeffer
1/2 l Milch
1 TL Petersilie, gehackt
200 g würziger Käse, gerieben (z. B. Greyerzer)
Fett für das Waffeleisen

Die Butter bei milder Hitze in einer Pfanne zerlassen und etwas abkühlen lassen. Die Eier trennen. Mehl, Salz und Pfeffer in einer Schüssel vermischen. Die Eigelbe verquirlen und mit der Milch nach und nach unter das Mehl mischen. Petersilie, Käse und Butter unter den Teig ziehen. Die Eiweiße steif schlagen und unter den Teig heben. Das Waffeleisen aufheizen und vor dem Backen der ersten Waffel dünn mit Margarine oder Butterschmalz einpinseln. Den Teig mit einem Esslöffel einfüllen, glatt streichen und nach gewünschtem Bräunungsgrad backen. Die Waffeln nebeneinander auf ein Kuchengitter legen, die Herzen mit einem scharfen Messer trennen und überstehende Ränder mit einer Schere abschneiden.

Schinken-Käse-Waffeln

(für 8 Rechtecke)

200 g roher Schinken
100 g Butter
120 g Emmentaler
300 g Instant-Haferflocken
300 ml Milch
6 Eier
1 TL Backpulver
1 Prise Salz
Fett für das Waffeleisen

Den Schinken in kleine Würfel schneiden. Die Butter in einer Pfanne zerlassen, den Schinken darin bräunen und anschließend abkühlen lassen. Den Käse reiben. Die Instant-Haferflocken mit der Milch, den Eiern, dem Backpulver und dem Salz verrühren. Den Schinken mit der Butter sowie den geriebenen Käse hinzufügen. Das Waffeleisen aufheizen und vor dem Backen der ersten Waffel dünn mit Margarine oder Butterschmalz einpinseln. Den Teig mit einem Esslöffel einfüllen, glatt streichen und nach gewünschtem Bräunungsgrad backen. Die Waffeln nebeneinander auf ein Kuchengitter legen, die Rechtecke mit einem scharfen Messer trennen und überstehende Ränder mit einer Schere abschneiden.

Kräuterwaffeln mit Schinken und Salat

(für 8 Waffeln)

Für den Teig:
50 g roher Schinken
100 g weiche Kräuterbutter
4 Eier
250 g Mehl
1 TL Backpulver
200 g Jogurt, natur
Fett für das Waffeleisen

Für den Salat:
1 Endiviensalat
100 g Frühstücksspeck
40 g Kürbiskerne
4 EL Balsamico-Essig
1 rote Zwiebel
3 EL Öl
Salz, Pfeffer
1 TL süßer Senf

Den Schinken sehr klein würfeln. Die Kräuterbutter in einer Pfanne zerlassen, den Schinken darin bräunen und abkühlen lassen. Die Eier verquirlen. Das Mehl mit dem Backpulver in einer Schüssel mischen. Nach und nach die Eier und den Jogurt untermengen. Den Teig zugedeckt beiseite stellen, bis der Salat zubereitet ist. Für den Salat die Endivie putzen und vierteln. Die Viertel quer in dünne Streifen schneiden, kurz waschen und trockenschleudern. Den Frühstücksspeck in ca. 1 cm dicke Streifen schneiden. Die Kürbiskerne in einer Pfanne ohne Fett unter Rühren leicht bräunen, herausnehmen und beiseite stellen. Den Speck in die Pfanne geben und bei mittlerer Hitze ausbraten. Mit einem Esslöffel Balsamico-Essig ablöschen und abkühlen lassen. Die Zwiebel pellen und fein würfeln. Das Öl mit dem restlichen Balsamico-Essig, wenig Salz und Pfeffer und dem Senf verrühren. Zwiebelwürfel und Speck in die Soße geben und gut mischen. Das Waffeleisen aufheizen und vor dem Backen der ersten Waffel dünn mit Margarine oder Butterschmalz einpinseln. Den Teig mit einem Esslöffel einfüllen, glatt streichen und nach gewünschtem Bräunungsgrad backen. Die Waffeln eventuell im Backofen warm halten. Den Endiviensalat in eine Schüssel geben, mit der Soße mischen und mit den Kürbiskernen bestreuen. Dazu die Waffeln reichen.

Maiswaffeln mit Käse- und Aprikosencreme

(für 12 Waffeln)

Für den Teig:
100 g Sonnenblumenkerne
2 Eigelbe
200 g Maismehl
50 g Mehl
1/2 TL Koriander, gemahlen
1/2 TL Salz
60 g weiche Butter
2 Eiweiße
Fett für das Waffeleisen

Für die Käsecreme:
100 g Butter
150 g Gorgonzola
4 EL Crème fraîche
Salz, Pfeffer

Für die Aprikosencreme:
200 g Aprikosen, getrock-
net und ungeschwefelt
1 unbehandelte Orange
2 EL Frischkäse
2 EL Crème fraîche
abgeriebene Schale von ei-
ner unbehandelten Zitrone
1/2 TL Zimt
etwas Zitronensaft

Für den Teig die Sonnenblumenkerne in einer großen Pfanne ohne Fett unter Rühren goldgelb rösten, abkühlen lassen und fein hacken. 400 ml kaltes Wasser, Eigelbe, Maismehl, Mehl, Koriander, Salz und Butter miteinander verrühren. Den Teig ca. 30 Minuten quellen lassen. Die Eiweiße steif schlagen und unter den Teig heben. Das Waffeleisen aufheizen und vor dem Backen der ersten Waffel dünn mit Margarine oder Butterschmalz einpinseln. Den Teig mit einem Esslöffel einfüllen, glatt streichen und nach gewünschtem Bräunungsgrad backen. Die Waffeln nebeneinander auf ein Kuchengitter legen, die Herzen mit einem scharfen Messer trennen und überstehende Ränder mit einer Schere abschneiden.

Für die Käsecreme die Butter in einem Topf im heißen Wasserbad schmelzen, den Käse in Stücke schneiden, zur Butter geben und mit dem Pürierstab zu einer glatten Masse rühren. Den Topf aus dem Wasser nehmen, die Crème fraîche unterrühren und mit Salz und Pfeffer abschmecken.

Für die Aprikosencreme die Trockenfrüchte waschen, die Orangenschale dünn abreiben und die Orange auspressen. Die Aprikosen im Orangensaft ca. 5 Stunden quellen lassen und anschließend pürieren. Den Frischkäse mit der Crème fraîche verrühren, das Aprikosenmus, einen Teelöffel Orangenschale, die Zitronenschale und den Zimt unterrühren. Nach Belieben mit Zitronensaft abschmecken.

Käse- und Aprikosencreme auf die Waffelherzen streichen und servieren.

TIPP Anstelle des Gorgonzolas können Sie auch einen anderen herzhaften Käse verwenden, z. B. Greyerzer, Cheddar oder Emmentaler. Mit 2 cl weißem Rum und einer Prise Paprika verfeinert, erhält der Waffelteig eine besondere Note.

Frühstückswaffeln mit Erdbeeraufstrich

(für 6 Waffeln)

**Für den Erdbeer-
aufstrich:**
2 Blatt weiße Gelatine
200 g Erdbeeren
150 g Gelierzucker
1 EL Zitronensaft

Für den Teig:
100 g weiche Butter
2 Eier
*60 g brauner Zucker
(Farinzucker)*
1 Prise Salz
1 Päckchen Vanillinzucker
70 g Mehl
50 g Speisestärke
1 gehäufter TL Backpulver
100 g süße Sahne
Fett für das Waffeleisen

etwas Butter

Für den Erdbeeraufstrich die Gelatine in kaltem Wasser 10 Minuten einweichen. 150 g Erdbeeren putzen, waschen und mit dem Mixstab fein pürieren. Das Püree in einen Topf geben und bis kurz vor Kochtemperatur erhitzen. Den Topf vom Herd nehmen. Die Gelatine ausdrücken und unterrühren, dann Gelierzucker und Zitronensaft unter die heiße Masse rühren und über Nacht zugedeckt im Kühlschrank fest werden lassen.

Für den Waffelteig die Butter schaumig schlagen. Die Eier trennen und die Eiweiße zu lockerem Schnee schlagen. Zucker, Salz und Vanillinzucker zur Butter geben, dann die Eigelbe unterrühren. Mehl, Speisestärke und Backpulver in eine Schüssel sieben und abwechselnd mit dem Eischnee und der Sahne unter die Butter-Ei-Masse heben. Der Teig soll dickflüssig sein. Eventuell noch etwas Sahne hinzufügen. Das Waffeleisen aufheizen und vor dem Backen der ersten Waffel dünn mit Margarine oder Butterschmalz einpinseln. Den Teig mit einem Esslöffel einfüllen, glatt streichen und nach gewünschtem Bräunungsgrad backen. Die Waffeln nebeneinander auf ein Kuchengitter legen, die Herzen mit einem scharfen Messer trennen und überstehende Ränder mit einer Schere abschneiden.

Die restlichen Erdbeeren kurz vor dem Servieren putzen, waschen, trockentupfen und halbieren.

Die Frühstückswaffeln mit etwas Butter und dem Erdbeeraufstrich bestreichen und mit den halbierten Erdbeeren servieren.

TIPP *Diese leckeren Frühstückswaffeln sind der Renner bei jedem Brunch. Da der Erdbeeraufstrich bereits einen Tag vorher zubereitet wird, können Sie sich ganz Ihren Gästen widmen. Anstelle der Erdbeeren können Sie auch andere Obstsorten wie z. B. Himbeeren oder Kirschen (z. B. entsteinte Schattenmorellen) verwenden.*

Hefewaffeln mit Aprikosencreme

(für 20 Rechtecke)

Für den Teig:
1/2 Würfel Hefe
90 g Zucker
300 ml lauwarme Milch
2 Eier
80 g weiche Butter
350 g Mehl
Fett für das Waffeleisen

Für die Aprikosencreme:
10 vollreife Aprikosen
4 EL Zucker
130 g Speisequark (20 %)
1 EL Aprikosengeist
200 g süße Sahne
1 Päckchen Sahnesteif
1 Päckchen Vanillinzucker

etwas Puderzucker zum Bestäuben

Die Hefe in eine Schüssel bröckeln und mit einem Teelöffel Zucker sowie 3 Esslöffeln lauwarmer Milch glatt rühren. Zugedeckt 20 Minuten an einem warmen Ort gehen lassen.

Den restlichen Zucker und die Eier miteinander verrühren. Die restliche Milch und den Hefeansatz untermischen. Die Butter unterrühren, das Mehl darüber sieben und unterheben. Den Teig zugedeckt an einem warmen Ort 45 bis 60 Minuten gehen lassen. Er soll sein Volumen etwa verdoppeln. Danach nochmals durcharbeiten.

Das Waffeleisen aufheizen und vor dem Backen der ersten Waffel dünn mit Margarine oder Butterschmalz einpinseln. Den Teig mit einem Esslöffel einfüllen, glatt streichen und nach gewünschtem Bräunungsgrad backen. Die Waffeln nebeneinander auf ein Kuchengitter legen, die Rechtecke mit einem scharfen Messer trennen und überstehende Ränder mit einer Schere abschneiden.

Für die Aprikosencreme die frischen Aprikosen kurz in kochendes Wasser tauchen, kalt abschrecken, enthäuten, halbieren und entkernen. 4 Hälften für die Dekoration zugedeckt kühl stellen.

Die restlichen Früchte mit dem Zucker fein pürieren und mit dem Quark und dem Aprikosengeist glatt rühren. Sahne, Sahnesteif und Vanillinzucker steif schlagen und unter die Quarkcreme ziehen. Die beiseite gestellten Aprikosenhälften in Spalten schneiden.

Die Hälfte der Waffeln mit der Creme bestreichen, die andere Hälfte darauf setzen. Die Waffeltörtchen mit einem Klecks Creme und den Aprikosenspalten garnieren. Nach Belieben mit Puderzucker bestäuben.

TIPP *Aprikosen enthalten vor allem Apfel- und Zitronensäure. Sie haben außerdem einen hohen Gehalt an Mineralstoffen (Kalzium, Phosphor und Eisen) sowie an Vitamin C. Karotin enthalten Aprikosen mehr als andere Früchte.*

Schokoladenwaffeln mit Kirschkompott

(für 10 Waffeln)

Für den Teig:
100 g weiche Butter
100 g Zucker
1 Päckchen Vanillinzucker
1 Prise Salz
3 Eier
150 g Mehl
100 g Speisestärke
1/2 Päckchen Backpulver
100 ml Milch
100 g Zartbitterschokolade
2 EL Mandeln, gehackt
1 EL Kirschwasser
Fett für das Waffeleisen

Für das Kirschkompott:
6 Blatt weiße Gelatine
500 g Schattenmorellen
(aus dem Glas)
1/4 l lieblicher Weißwein
150 g Zucker
1 Stück Zimtstange
200 g süße Sahne
1 Päckchen Vanillinzucker
40 g Mandelblättchen

Butter, Zucker, Vanillinzucker und Salz schaumig schlagen. Die Eier einzeln unterrühren. Mehl, Speisestärke und Backpulver in eine Schüssel sieben und im Wechsel mit der Milch unter die Butter-Ei-Masse rühren. (Der Teig soll dickflüssig sein, eventuell noch etwas Milch zufügen.) Die Schokolade fein reiben und mit den Mandeln und dem Kirschwasser unter den Teig ziehen.

Das Waffeleisen aufheizen und vor dem Backen der ersten Waffel dünn mit Margarine oder Butterschmalz einpinseln. Den Teig mit einem Esslöffel einfüllen, glatt streichen und nach gewünschtem Bräunungsgrad backen. Die Waffeln nebeneinander auf ein Kuchengitter legen, die Herzen mit einem scharfen Messer trennen und überstehende Ränder mit einer Schere abschneiden.

Für das Kirschkompott die Gelatine in kaltem Wasser 10 Minuten einweichen. Die Kirschen gut abtropfen lassen, entsteinen, in einen Topf geben und mit Weißwein, Zucker und der Zimtstange 1 bis 2 Minuten kochen lassen. Den Topf vom Herd nehmen und die Zimtstange entfernen. Die Gelatine ausdrücken und unter die heißen Kirschen rühren. Nach Wunsch nachsüßen. Das Kompott gut auskühlen lassen.

Vor dem Servieren die Sahne mit dem Vanillinzucker steif schlagen, in einen Spritzbeutel mit großer Sterntülle füllen und auf die Waffeln spritzen. Das Kirschkompott in Dessertschälchen füllen, mit Mandelblättchen bestreuen und zu den Waffeln reichen.

TIPP *Sie können Vanillinzucker auch selbst herstellen. Geben Sie hierzu eine aufgeschlitzte Vanillestange in ein kleines Glas mit Schraubverschluss und füllen Sie es mit Zucker oder Puderzucker auf. Lassen Sie das Ganze eine Woche ziehen, damit sich das Aroma entwickeln kann.*

Rösche Waffeln mit marinierten Erdbeeren

(für 20 Waffeln)

Für die Erdbeeren:
800 g Erdbeeren
2 Päckchen Vanillinzucker
4 cl Orangenlikör
300 g süße Sahne
40 g Zucker

Für den Teig:
120 g Sonnenblumenkerne
250 g weiche Butter
180 g Zucker
4 Eier
130 g Mehl
50 g Speisestärke
1 TL Backpulver
2 EL Orangenlikör
abgeriebene Schale von einer unbehandelten Zitrone
Fett für das Waffeleisen

Die Erdbeeren putzen, waschen, entstielen und halbieren oder vierteln. Ein Päckchen Vanillinzucker im Orangenlikör lösen. Die Erdbeeren damit marinieren und ca. 30 Minuten ziehen lassen. Die Sahne steif schlagen, mit einem Päckchen Vanillinzucker und dem Zucker süßen und kühl stellen.

Für den Waffelteig 100 g Sonnenblumenkerne in einer Pfanne ohne Fett bei mittlerer Hitze rösten, abkühlen lassen und fein hacken. Die Butter und den Zucker mit dem Handrührgerät sehr schaumig rühren. Die Eier nach und nach zugeben und alles auf höchster Stufe weiter schlagen, bis eine helle Creme entstanden ist. Mehl, Speisestärke und Backpulver in eine Schüssel sieben und mit den restlichen Zutaten sorgfältig unter die Schaummasse ziehen.

Das Waffeleisen aufheizen und vor dem Backen der ersten Waffel dünn mit Margarine oder Butterschmalz einpinseln. Den Teig mit einem Esslöffel einfüllen, glatt streichen und nach gewünschtem Bräunungsgrad backen. Die Waffeln nebeneinander auf ein Kuchengitter legen, die Herzen mit einem scharfen Messer trennen und überstehende Ränder mit einer Schere abschneiden.

Die noch warmen Waffeln auf Dessertteller verteilen, die marinierten Erdbeeren und die geschlagene Sahne dazugeben und mit den restlichen Sonnenblumenkernen bestreut servieren.

Maiswaffeln mit Apfelmus

(für 12 Waffeln)

2 EL Butter
150 g Weizenmehl
150 g Maismehl
1/2 Päckchen Backpulver
Salz
2 Eier
1 TL Zucker
3/8 l Buttermilch
Fett für das Waffeleisen
1 Glas Apfelmus

Die Butter in einer Pfanne bei milder Hitze schmelzen und abkühlen lassen. Beide Mehlsorten mit dem Backpulver mischen und das Salz untermengen. Die Eier trennen und die Eiweiße zu Schnee schlagen. Die Eigelbe mit dem Zucker schaumig rühren, Buttermilch und Mehl unterziehen, die Butter zufügen und den Eischnee unterheben.

Das Waffeleisen aufheizen und vor dem Backen der ersten Waffel dünn mit Margarine oder Butterschmalz einpinseln. Den Teig mit einem Esslöffel einfüllen, glatt streichen und nach gewünschtem Bräunungsgrad backen. Die Waffeln nebeneinander auf ein Kuchengitter legen, die Herzen mit einem scharfen Messer trennen und überstehende Ränder mit einer Schere abschneiden.

Die warmen Waffeln mit dem Apfelmus servieren.

Mandelwaffeln mit Heidelbeervanillecreme

(für 26 Rechtecke)

Für den Teig:
200 g Butter
4 Eier
80 g Zucker
1 Päckchen Vanillinzucker
350 g Mehl
1 TL Backpulver
150 ml zimmerwarme
Milch
130 g geschälte, gemahlene Mandeln
2 EL Kirschwasser
Fett für das Waffeleisen

Für die Heidelbeervanillecreme :
1/2 l Milch
40 g Zucker
1 Prise Salz
1 Päckchen Vanillepuddingpulver
200 g Heidelbeeren
1 EL Hagelzucker
100 g Mandeln, gehobelt
100 g süße Sahne
1/2 Päckchen Sahnesteif

Die Butter zerlassen und etwas abkühlen lassen. Die Eier trennen. Eigelbe, Zucker und Vanillinzucker schaumig schlagen. Die Butter in dünnem Strahl zugeben. Mehl und Backpulver darüber sieben und im Wechsel mit der Milch unterrühren. Die Mandeln und das Kirschwasser zufügen. Die Eiweiße steif schlagen und unterheben.

Das Waffeleisen aufheizen und vor dem Backen der ersten Waffel dünn mit Margarine oder Butterschmalz einpinseln. Den Teig mit einem Esslöffel einfüllen, etwas glatt streichen und nach gewünschtem Bräunungsgrad backen. Die Waffeln nebeneinander auf ein Kuchengitter legen, die Rechtecke mit einem scharfen Messer trennen und überstehende Ränder mit einer Schere abschneiden.

Für die Vanillecreme aus Milch, Zucker, Salz und Puddingpulver nach Packungsanweisung einen Pudding zubereiten und in eine Schale füllen. Die Heidelbeeren in ein Sieb geben, kalt abbrausen, trockentupfen und mit dem Hagelzucker mischen.

Wenn der Pudding kalt ist, 2 Esslöffel gehobelte Mandeln unterheben. Die Sahne mit dem Sahnesteif zu fester Konsistenz schlagen und unter den Pudding ziehen.

Die Waffeln auf großen flachen Tellern anrichten. Die Vanillecreme und die Heidelbeeren darüber verteilen und mit Mandelblättchen bestreut servieren.

TIPP *Wenn Sie den Pudding leicht mit Puderzucker bestäuben, nachdem Sie ihn in die Schale gefüllt haben, bildet sich beim Abkühlen keine Haut.*

Gewürzwaffeln

(für 20 Waffeln)

500 g Blütenzarte Hafer-
flocken
3/4 l Milch
200 g Butter
3–4 Eier
20 g Zucker
etwas Anis und Zimt
Fett für das Waffeleisen

Puderzucker zum Bestäu-
ben

Die Haferflocken mit 1/2 l Milch übergießen, umrühren und 2 bis 3 Stunden stehen lassen.

Die Butter in einer Pfanne bei milder Hitze zerlassen, in den Hafer-flocken-Milch-Brei geben, Eier und Gewürze hinzufügen und mit dem Handrührgerät (Knethaken) gut verrühren. Damit der Teig dickflüssig wird, noch knapp 1/4 l Milch hinzugeben.

Das Waffeleisen aufheizen und vor dem Backen der ersten Waffel dünn mit Margarine oder Butterschmalz einpinseln. Den Teig mit ei-nem Esslöffel einfüllen, glatt streichen und nach gewünschtem Bräu-nungsgrad backen. Die Waffeln nebeneinander auf ein Kuchengitter legen, die Herzen mit einem scharfen Messer trennen und überste-hende Ränder mit einer Schere abschneiden.

Mit Puderzucker bestäubt und möglichst noch warm serviert, schme-cken die Waffeln am besten.

Zimtwaffeln

(für 8 Waffeln)

4 Eier
70 g weiche Butter
80 g Zucker
200 g Mehl
Salz
1 Prise Backpulver
1 TL Zimt
1 EL süße Sahne
1/8 l Mineralwasser
Fett für das Waffeleisen

Die Eier trennen. Die Butter mit dem Handrührgerät schaumig rühren und nach und nach den Zucker und die Eigelbe unterrühren. Das Mehl mit dem Salz, dem Backpulver und dem Zimt vermischen und unter Rühren in die Eimasse rieseln lassen. Die Sahne und das Mine-ralwasser untermengen. Die Eiweiße zu steifem Schnee schlagen und unterheben.

Das Waffeleisen aufheizen und vor dem Backen der ersten Waffel dünn mit Margarine oder Butterschmalz einpinseln. Den Teig mit ei-nem Esslöffel einfüllen, glatt streichen und nach gewünschtem Bräu-nungsgrad backen. Die Waffeln nebeneinander auf ein Kuchengitter legen, die Herzen mit einem scharfen Messer trennen und überste-hende Ränder mit einer Schere abschneiden.

TIPP

Anstelle des Mineralwassers können Sie auch einen lieblichen Weißwein verwen-den. Zu den Zimtwaffeln schmecken Vanille- oder Schokoladeneis und Früchte (z. B. Bananen oder Kiwis), die Sie in Scheiben geschnitten zu den Waffeln reichen können.

Lebkuchenwaffeln

(für 10 Waffeln)

250 g Butter
1 TL Orangenschalenaroma
1 TL Zitronenschalenaroma
4 Eier
250 g Mehl
1 TL Backpulver
1 Päckchen Lebkuchen-
gewürz
150 g Honig
100 g Mandelblättchen
Fett für das Waffeleisen
100 g Vollmilchkuvertüre

Die Butter schaumig rühren. Orangen- und Zitronenschalenaroma sowie die Eier hinzufügen. Mehl und Backpulver miteinander mischen und unterrühren. Das Lebkuchengewürz und den Honig dazugeben und alles zu einem glatten Teig vermengen. Die Hälfte der Mandelblättchen unterziehen und den Teig 30 Minuten ruhen lassen.

Das Waffeleisen aufheizen und vor dem Backen der ersten Waffel dünn mit Margarine oder Butterschmalz einpinseln. Den Teig mit einem Esslöffel einfüllen, glatt streichen und nach gewünschtem Bräunungsgrad backen. Die Waffeln nebeneinander auf ein Kuchengitter legen, die Herzen mit einem scharfen Messer trennen und überstehende Ränder mit einer Schere abschneiden.

Die Kuvertüre im heißen Wasserbad schmelzen, die Lebkuchenwaffeln damit bestreichen und mit den restlichen Mandelblättchen belegen.

Vollkornwaffeln mit Kokosflocken

(für 8 Waffeln)

50 g Butter
200 g Weizenvollkornmehl
1 Prise Salz
1 Prise Backpulver
4 EL Zucker
1/4 l Milch
3 Eier
1 EL Kokosflocken
1 EL weißer Rum
1 kleiner säuerlicher Apfel
(z. B. Boskoop, Jonagold)
Fett für das Waffeleisen

Die Butter bei schwacher Hitze in einer Pfanne zerlassen und abkühlen lassen. Das Mehl mit dem Salz, dem Backpulver und dem Zucker in eine Schüssel geben. Die Milch mit dem Handrührgerät unterrühren. Die Eier trennen. Die Eiweiße leicht steif schlagen, die Eigelbe verquirlen und mit den Kokosflocken und dem Rum in den Teig rühren. Den Apfel waschen, schälen, halbieren, entkernen, grob raspeln und unter den Teig mischen. Die Butter und den Eischnee unterziehen und den Teig 30 Minuten ruhen lassen.

Das Waffeleisen aufheizen und vor dem Backen der ersten Waffel dünn mit Margarine oder Butterschmalz einpinseln. Den Teig mit einem Esslöffel einfüllen, glatt streichen und nach gewünschtem Bräunungsgrad backen. Die Waffeln nebeneinander auf ein Kuchengitter legen, die Herzen mit einem scharfen Messer trennen und überstehende Ränder mit einer Schere abschneiden.

Die Waffeln noch warm servieren.

Sektwaffeln

(für 8 Waffeln)

Für den Teig:
100 g weiche Butter
130 g Zucker
1 Prise Salz
Mark von einer halben
Vanilleschote
2 Eier
200 g Mehl
1/2 Päckchen Backpulver
200 ml trockener Sekt
Fett für das Waffeleisen

Für das Rhabarbergelee:
1 kg roter Rhabarber
300 ml Roséwein
1 Stück Zimtstange
2 Nelken
180 g Zucker
8 Blatt weiße Gelatine

Für die Schneehäubchen:
1 Eiweiß
1 TL Zitronensaft
50 g feinster Zucker

Butter, Zucker, Salz und Vanillemark schaumig schlagen. Die Eier einzeln unterrühren. Mehl und Backpulver darüber sieben und unterheben. Zum Schluss den Sekt vorsichtig unterziehen. Der Teig soll dickflüssig sein, eventuell noch etwas Sekt zufügen.

Das Waffeleisen aufheizen und vor dem Backen der ersten Waffel dünn mit Margarine oder Butterschmalz einpinseln. Den Teig mit einem Esslöffel einfüllen, glatt streichen und nach gewünschtem Bräunungsgrad backen. Die Waffeln nebeneinander auf ein Kuchengitter legen, die Herzen mit einem scharfen Messer trennen und überstehende Ränder mit einer Schere abschneiden.

Für das Rhabarbergelee den Rhabarber putzen, waschen und in Stücke schneiden. Mit Wein, Zimtstange, Nelken und Zucker in einen Topf geben und weich dünsten. Auf ein Safttuch oder in ein Sieb geben und den Saft auffangen.

Die Gelatine in kaltem Wasser 10 Minuten einweichen. 1/2 l Rhabarbersaft abmessen, eventuell mit etwas Wein ergänzen und nochmals in einem Topf erhitzen. Die Gelatine ausdrücken und im Saft auflösen. Nach Geschmack nachsüßen. Das Gelee in eine viereckige Schale oder in einen Eiswürfelbehälter ohne Einsatz füllen und über Nacht im Kühlschrank fest werden lassen.

Vor dem Servieren die Schale mit dem Gelee kurz in heißes Wasser halten und auf eine mit kaltem Wasser abgespülte Platte stürzen. Die Waffeln auf flache Teller legen. Das Gelee in Würfel schneiden und auf die Waffeln verteilen.

Für die Schneehäubchen das Eiweiß steif schlagen. Den Zitronensaft zufügen, die Hälfte des Zuckers einrieseln lassen und nach und nach unterschlagen. Das Eiweiß soll weiche Spitzen bilden. Den restlichen Zucker mit einem Teigschaber in kleinen Portionen vorsichtig unterheben. Die Eiweißmasse in einen Spritzbeutel mit großer Sterntülle füllen und Schneehäubchen auf Geleewürfel und Waffeln spritzen.

Rumwaffeln

(für 10 Waffeln)

Für den Teig:
150 g Butter
150 g Zucker
1 Prise Salz
4 Eier
120 g Speisestärke
2 EL Mehl
1 gehäufter TL Backpulver
4 EL Rum
Fett für das Waffeleisen

Für die Apfelsahne mit Rosinen:
50 g Rosinen
2 große säuerliche Äpfel
(z. B. Boskoop, Jonagold,
Cox Orange)
60 g Zucker
3 EL Rum (54 %)
200 g süße Sahne
1 Päckchen Sahnesteif
etwas brauner Zucker
(Farinzucker)

Butter, Zucker und Salz schaumig schlagen. Die Eier einzeln unterrühren. Speisestärke, Mehl und Backpulver darüber sieben und unterheben. Den Rum untermengen.

Das Waffeleisen aufheizen und vor dem Backen der ersten Waffel dünn mit Margarine oder Butterschmalz einpinseln. Den Teig mit einem Esslöffel einfüllen, glatt streichen und nach gewünschtem Bräunungsgrad backen. Die Waffeln nebeneinander auf ein Kuchengitter legen, die Herzen mit einem scharfen Messer trennen und überstehende Ränder mit einer Schere abschneiden.

Für die Apfelsahne die Rosinen waschen und trockentupfen. Die Äpfel schälen, vierteln, entkernen, achteln und in feine Scheibchen schneiden. 1/8 l Wasser mit 50 g Zucker in einem Topf aufkochen, den Rum zufügen und die Apfelscheibchen bei schwacher Hitze darin gar ziehen lassen. Die Rosinen kurz mitdünsten. Das Kompott gut auskühlen lassen, eventuell etwas abtropfen lassen.

Die Sahne mit dem Sahnesteif und dem restlichen Zucker sehr steif schlagen und die Apfel-Rosinen-Mischung unterheben. Die Waffelherzen auf flache Teller verteilen und die Apfelsahne darauf verteilen. Mit Farinzucker bestreut servieren.

TIPP *Weißer Rum passt besonders gut zu Waffeln. Der Alkohol verfliegt beim Backen vollkommen, sodass die Waffeln auch für Kinder geeignet sind.*

Waffelröllchen mit Vanilleeis und Himbeeren

(für 10 Waffeln)

250 g TK-Himbeeren

Für den Teig:
80 g Zucker
50 g weiche Butter
1 Ei
130 g Mehl
*Fett für das Hörnchen-
Waffeleisen*

Außerdem:
500 ml Vanilleeis
1 EL Himbeergeist
Puderzucker

Die Himbeeren auftauen lassen und verlesen.

Für den Waffelteig 100 ml Wasser in einem Topf erhitzen. Den Zucker zufügen und rühren, bis er sich aufgelöst hat. Den Topf vom Herd nehmen und das Zuckerwasser abkühlen lassen.

Die Butter schaumig schlagen, das Ei unterrühren und die kalte Zuckerlösung esslöffelweise untermischen. Das Mehl darüber sieben und unterheben. Den Teig 2 Stunden zugedeckt ruhen lassen.

Das Hörnchen-Waffeleisen aufheizen und vor dem Backen der ersten Waffel dünn mit Margarine oder Butterschmalz einpinseln. Den Teig mit einem Esslöffel einfüllen und nach gewünschtem Bräunungsgrad backen.

Einen Küchenhandschuh anziehen, die heiße Waffel vorsichtig auf die Hand nehmen und um einen Kochlöffelstiel wickeln. Das Röllchen locker festhalten, bis es etwas abgekühlt ist. Den Löffelstiel herausziehen und das Röllchen auf einem Kuchengitter abkühlen lassen. Mit dem übrigen Teig ebenso verfahren.

Das Eis mit einem Eisportionierer zu Kugeln formen und mit den Waffelröllchen auf Dessertellern anrichten. Die Himbeeren darüber verteilen, mit Himbeergeist beträufeln und mit Puderzucker bestäuben.

Bananenwaffeln mit Eis

(für 12 Waffeln)

130 g weiche Butter
80 g Maismehl
170 g Mehl
3 Eier
1/2 l Milch
3 EL Zucker, 1 Prise Salz
1/2 TL Zimt
*abgeriebene Schale von
einer halben Zitrone*
2 Bananen
500 ml Bananeneis
Fett für das Waffeleisen

Die Butter bei milder Hitze in einer Pfanne zerlassen, etwas abkühlen lassen und in eine Schüssel geben. Das Mehl unterziehen. Die Eier gut verquirlen und unter das Mehl mengen. Die Milch in kleinen Portionen zugießen. Mit Zucker, Salz, Zitronenschale und Zimt würzen und den Teig 30 Minuten ruhen lassen. Die Bananen schälen, in dünne Scheiben schneiden und unter den Teig ziehen.

Das Waffeleisen aufheizen und vor dem Backen der ersten Waffel dünn mit Margarine oder Butterschmalz einpinseln. Den Teig mit einem Esslöffel einfüllen, glatt streichen und nach gewünschtem Bräunungsgrad backen. Die Waffeln auf ein Kuchengitter legen, die Herzen mit einem scharfen Messer trennen und überstehende Ränder mit einer Schere abschneiden. Das Bananeneis mit dem Eisportionierer zu Kugeln formen und mit den Waffeln auf Tellern dekorativ anrichten.

Sahnewaffeln mit Vanilleeis

(für 8 Waffeln)

Für den Teig:
100 g Butter
70 g Zucker
1 Prise Salz
1 Beutel Citro-back
5 Eier
200 g Mehl
200 g süße Sahne
Fett für das Waffeleisen

Außerdem:
200 g Erdbeermarmelade
Saft von einer kleinen
Orange
8 Kugeln Vanilleeis
etwas Puderzucker

Butter, Zucker, Salz und Citro-back weißschaumig schlagen. Die Eier trennen. Die Eigelbe nacheinander unterrühren. Mehl, Sahne und die Hälfte der Eiweiße unterrühren. Die restlichen Eiweiße zu steifem Schnee schlagen und unterheben.

Das Waffeleisen aufheizen und vor dem Backen der ersten Waffel dünn mit Margarine oder Butterschmalz einpinseln. Den Teig mit einem Esslöffel einfüllen, glatt streichen und nach gewünschtem Bräunungsgrad backen. Die Waffeln nebeneinander auf ein Kuchengitter legen, die Herzen mit einem scharfen Messer trennen und überstehende Ränder mit einer Schere abschneiden.

Die Erdbeermarmelade mit dem Orangensaft verrühren. Die Waffeln auf flache Teller verteilen, jeweils eine Kugel Eis auf eine Waffel und darüber die Erdbeermarmelade geben.

Nach Belieben mit etwas Puderzucker bestäuben und servieren.

Französische Waffeln mit Kirscheis

(für 12 Waffeln)

120 g Butter
4 Eier
330 g Mehl
1 Prise Salz
40 g Puderzucker
1/4 l Milch
8 EL süße Sahne
4 Schnapsgläser Kirsch-
wasser
500 ml Kirscheis
Fett für das Waffeleisen

Die Butter bei milder Hitze in einer Pfanne zerlassen und kurz abkühlen lassen. Die Eier trennen und die Eigelbe verquirlen. Das Mehl in eine Schüssel sieben und mit dem Salz und dem Puderzucker vermengen. Milch, Sahne und Kirschwasser mit dem Handrührgerät unterrühren und die Butter sowie die Eigelbe unterziehen. Die Eiweiße zu steifem Schnee schlagen und unterheben.

Das Waffeleisen aufheizen und vor dem Backen der ersten Waffel dünn mit Margarine oder Butterschmalz einpinseln. Den Teig mit einem Esslöffel einfüllen, glatt streichen und nach gewünschtem Bräunungsgrad backen. Die Waffeln nebeneinander auf ein Kuchengitter legen, die Herzen mit einem scharfen Messer trennen und überstehende Ränder mit einer Schere abschneiden. Die Waffeln auf Teller verteilen, das Eis zu Kugeln portionieren und mit den Waffeln servieren.

Waffeltorte mit Johannisbeercremefüllung

(für 5 Waffeln)

Für den Teig:
2 Eier
1 Prise Salz
80 g Zucker
40 g Mehl
40 g Speisestärke
1/2 TL Backpulver
1 EL Zitronensaft
Fett für das Waffeleisen

**Für die Johannisbeer-
creme:**
500 g Johannisbeeren
4 EL Zucker
150 g Puderzucker
500 g Mascarpone

Die Eier trennen. Die Eiweiße mit 2 Esslöffeln lauwarmem Wasser und dem Salz steif schlagen. Den Zucker langsam einrieseln lassen und den Eischnee weiter schlagen, bis er glänzt. Die Eigelbe unterziehen, Mehl, Speisestärke und Backpulver darüber sieben und unterheben. Den Zitronensaft untermengen.

Das Waffeleisen aufheizen und vor dem Backen der ersten Waffel dünn mit Margarine oder Butterschmalz einpinseln. Den Teig mit einem Esslöffel einfüllen, glatt streichen und nach gewünschtem Bräunungsgrad backen. Die Waffelböden nebeneinander auf einem Kuchengitter auskühlen lassen.

Die Johannisbeeren waschen. Einige Rispen für die Verzierung kühl stellen. Den Rest der Beeren von den Rispen streifen. 200 g Beeren mit 2 Esslöffeln Zucker mischen und zugedeckt ziehen lassen. Die übrigen Johannisbeeren mit dem restlichen Zucker und etwas Wasser in einen Topf geben und aufkochen, bis sie platzen. Die Beeren auf ein Safttuch oder ein Sieb geben, den Saft auffangen und abkühlen lassen. Den Puderzucker sieben und mit 100 ml gekühltem Johannisbeersaft unter den Mascarpone rühren. Die gezuckerten Johannisbeeren vorsichtig unterheben.

Die Waffelböden auf einem großen flachen Teller im Wechsel mit der Creme übereinander schichten. Die Cremeschicht auf dem obersten Waffelboden mit Johannisbeerrispen garnieren.

TIPP *Lassen Sie die Waffeln auf dem Kuchengitter gut ausdampfen, damit sie schön knusprig bleiben.*

Waffeleistorte mit Früchten der Saison

(für 5 Waffeln)

Für den Teig:
60 g Butter
20 g Zucker
1 Prise Salz
1 Ei
1/2 Beutel Orange-back
250 g Mehl
1 Msp. Backpulver
3 EL süße Sahne
Fett für das Waffeleisen

Für die Füllung:
100 g Halbbitterkuvertüre
200 g süße Sahne
1 Päckchen Sahnesteif
500 ml Vanilleeis

Für die Dekoration:
1 Flasche Wildbeerensoße
Verschiedene Früchte (z. B.: Erdbeeren, Himbeeren, Johannisbeeren, Blaubeeren)

Butter, Zucker, Salz, Ei und Orange-back schaumig rühren. Das Mehl mit dem Backpulver mischen und im Wechsel mit 1/4 l Wasser und der Sahne in den Teig rühren.

Das Waffeleisen aufheizen und vor dem Backen der ersten Waffel dünn mit Margarine oder Butterschmalz einpinseln. Den Teig mit einem Esslöffel einfüllen, glatt streichen und nach gewünschtem Bräunungsgrad backen. Die Waffelböden nebeneinander auf einem Kuchengitter auskühlen lassen.

Für die Füllung die Kuvertüre nach Packungsanleitung schmelzen und abkühlen lassen.

Die Sahne mit dem Sahnesteif zu fester Konsistenz schlagen und mit der noch weichen Kuvertüre verrühren. Eine Waffel auf eine Tortenplatte legen und mit Schokosahne bestreichen. Die zweite Waffel auflegen und ebenfalls bestreichen. Die dritte Waffel auflegen und mit Eisstückchen belegen, ebenso die vierte Waffel. Die fünfte Waffel auflegen, mit Wildbeerensauce bestreichen und mit den gewaschenen, geputzten und eventuell klein geschnittenen Früchten garnieren.

Herzhafte Crêpes mit Räucherlachs

Für den Teig:
1/8 l Milch
1 Ei
3 gehäufte EL Mehl
Salz

Für die Füllung:
2 Frühlingszwiebeln
200 g Frischkäse
Salz, Pfeffer
100 g Räucherlachs
Öl zum Backen

Die Milch mit dem Ei verquirlen. Mehl und eine Prise Salz gleichmäßig unterrühren und den Teig 30 Minuten ruhen lassen.

Inzwischen für die Füllung die Frühlingszwiebeln putzen, waschen und in sehr feine Ringe schneiden. Mit dem Frischkäse verrühren und mit Salz und Pfeffer abschmecken. Den Räucherlachs in feine Streifen schneiden.

Eine Pfanne portionsweise dünn mit Öl ausstreichen, erhitzen und nacheinander 4 Crêpes backen. Die Crêpes auf 4 Teller verteilen und vorsichtig mit der Frischkäsemasse bestreichen, die Räucherlachsstreifen darauf verteilen und die Crêpes zu Vierteln falten.

Crêpes mit Garnelen und Lachs

(für 8 Personen)

Für den Teig:
50 g Butter
1/8 l Milch
250 g süße Sahne
2 Eigelbe
1 Ei
Salz
200 g Mehl
Öl zum Backen

Für die Füllung:
1 Bund Dill
150 g Crème fraîche
2–3 EL Cognac (ersatzweise Orangensaft)
Salz, weißer Pfeffer
8 Scheiben Räucherlachs
16 gekochte Garnelen
1 TL Pfefferkörner

Die Butter in einem Topf bei milder Hitze schmelzen. Etwas abkühlen lassen und mit Milch, Sahne, Eigelben, Ei, Salz und Mehl verrühren. Den Teig 45 Minuten ruhen lassen.

Eine Pfanne portionsweise dünn mit Öl ausstreichen und erhitzen. Für jede Crêpe drei Esslöffel Teig in die Pfanne geben, dabei die Pfanne hin und her schwenken, damit sich der Teig auf dem Pfannenboden verteilt. Die Crêpes 3 Minuten bei kleiner Hitze backen, mit dem Pfannenwender umdrehen und 2 Minuten weiterbacken. Auf diese Weise acht Crêpes backen. Die Crêpes auf einen Teller legen und im Ofen bei 50 °C warm halten.

Den Dill waschen, trockenschütteln und in kleine Fähnchen teilen. Die Crème fraîche mit dem Cognac (oder Orangensaft) mischen und mit Salz und Pfeffer abschmecken.

Die Crêpes aus dem Ofen nehmen und auf 4 Teller verteilen. Auf jede Crêpe eine Scheibe Lachs legen, zusammenfalten und mit Garnelen und Dill garnieren. Jeweils einen Esslöffel der Cognaccreme darüber geben und mit den Pfefferkörnern bestreut servieren.

Crêpesröllchen mit Mettwurst-Pfefferfüllung

Für den Teig:

100 g Mehl
1 Prise Salz
2 Eier
1 Eigelb
100 ml Mineralwasser
100 ml Milch
2 EL flüssige Butter
Öl zum Backen

Für die Füllung:

300 g TK-Blattspinat
Salz, Pfeffer
Muskatnuss, gerieben
1 Zwiebel
10 g Butter
250 g grobe Mettwurst
2 Eier
3–4 EL Semmelbrösel
2–3 EL Magerquark
2 EL grüne Pfefferkörner,
grob gehackt

Für die Panade:

1 Eiweiß
Semmelbrösel (ca. 50 g)
2 EL geriebener Parmesan
Butterschmalz zum Backen

Für den Crêpeteig Mehl, Salz, Eier, Eigelb, Mineralwasser, Milch und Butter in einen hohen Becher geben, mit dem Stabmixer rasch zu einem glatten Teig verquirlen und 30 Minuten ruhen lassen.

Für die Füllung den Blattspinat auftauen und mit Salz, Pfeffer und Muskatnuss würzen. Die Zwiebel schälen und in kleine Würfel schneiden. Die Butter in einer Pfanne erhitzen und die Zwiebelwürfel darin glasig dünsten. Die Mettwurst pellen, in eine Schüssel geben und mit den Eiern, den Semmelbröseln, den Zwiebelwürfeln, dem Magerquark und dem Pfeffer zu einer geschmeidigen Masse kneten.

Eine Pfanne portionsweise dünn mit Öl ausstreichen, erhitzen und nacheinander 4 große oder 8 kleine Crêpes backen. Die Crêpes nebeneinander legen und abkühlen lassen. Anschließend mit den Spinatblättern belegen, mit der Mettmasse bestreichen, aufrollen und die Enden gut festdrücken.

Für die Panade das Eiweiß leicht schaumig schlagen. Die Semmelbrösel mit dem Parmesan vermischen. Die Crêpesröllchen erst im Eiweiß, dann in der Weißbrot-Käse-Mischung wenden.

Reichlich Fett in einer Pfanne oder in einer Friteuse erhitzen und die panierten Rollen darin goldbraun und knusprig braten.

Die Crêpesröllchen schmecken warm mit Salat oder kalt und in Scheiben geschnitten als kleiner Snack.

TIPP   *Crêpes werden umso besser, je länger Sie den Teig ruhen lassen. Wenn Sie einen Crêpeteig mit Zucker zubereiten, geben Sie nicht zu viel Zucker in den Teig, damit die Crêpes beim Backen nicht zu schnell braun werden.*

Crêpetorte mit Wachtel- und Entenbrust

(für 8 Personen)

Für den Teig:
40 g Mehl
2 Eier
200 ml Milch
1 Prise Salz
20 g flüssige Butter

Für die Farce:
250 g Putenfleisch
1 Ei
250 g Creme double
Salz, Pfeffer

Für die Einlage:
10 Wachtelbrüste (ohne
Haut und Knochen)
750 g Shiitake-Pilze
Sojasoße
300 g Möhren
300 g Zucchini
Salz, Pfeffer, Currypulver

Für die Ingwersoße:
400 ml Geflügelfond
50 ml Sojasoße
70 g Ingwer, gewürfelt

4 Entenbrüste
etwas Öl
4 Stangen Lauch
4 Fenchel
8 Strauchtomaten
2 Fleischtomaten
40 g Glasnudeln

Aus Mehl, Eiern, Milch und Salz einen glatten Teig rühren. Jeweils etwas Butter in einer Pfanne erhitzen und nacheinander 4 Crêpes backen. Das Putenfleisch fein würfeln, mit Ei und Creme double vermengen, anfrieren lassen, fein pürieren, salzen und pfeffern und durch ein Sieb streichen. Die Wachtelbrüste würzen, kurz anbraten und abkühlen lassen. 10 große Shiitake-Pilze vom Stiel befreien, die Köpfe anbraten, würzen und beiseite stellen. Die restlichen Pilze würfeln, anbraten, mit etwas Sojasoße ablöschen und abkühlen lassen. Die Möhren schälen und mit den geputzten und gewaschenen Zucchini in Scheiben schneiden. Die Hälfte der Scheiben blanchieren, die andere Hälfte in Stifte schneiden, anbraten und mit Sojasoße, Salz, Pfeffer und Curry würzen. Die Farce mit den Pilzwürfeln vermengen und abschmecken. Den Boden einer Tortenform (18 cm Ø) mit Backpapier auslegen. Eine Crêpe hineinlegen, dünn mit der Farce bestreichen, darauf eine Crêpe und die Hälfte von den Gemüsescheiben fächerartig auflegen. Darauf die Wachtelbrüste kreisförmig legen, die Ränder mit Farce, die Mitte mit Gemüsestiften füllen. Die restlichen Gemüsescheiben fächerartig auflegen. Darauf eine dünn mit Farce bestrichene Crêpe legen und die Pilzköpfe dekorativ auflegen. In den Ofen schieben und ca. 40 Minuten bei 180 °C garen. Die Entenbrüste auf der Hautseite rautenförmig einritzen, salzen und pfeffern, in einer Pfanne mit etwas Öl anbraten und ca. 10 Minuten im Ofen garen. Den Lauch putzen, längs halbieren und waschen, in 1 cm breite und 10 cm lange Streifen schneiden, blanchieren und zu einer Matte legen. Vom Fenchel den Strunk entfernen, das Gemüse in Scheiben schneiden und in Salzwasser blanchieren. Die Tomaten blanchieren und enthäuten. Von den Strauchtomaten die Blüte mit einem Stück Tomate abschneiden (Deckel) und das Gemüse entkernen. Die Fleischtomaten vierteln, entkernen, würfeln, salzen und pfeffern, die Strauchtomaten damit füllen und den Deckel auflegen. In eine Auflaufform setzen und im Ofen 5 Minuten erhitzen. Die Glasnudeln 5 Minuten in kaltes Wasser legen, auf die gewünschte Länge bringen und 1 Minute in warmes Wasser halten. Kurz in heißem Fett backen und salzen. Für die Soße den Geflügelfond zum Kochen bringen, den Ingwer zufügen, mit Sojasoße, und Curry würzen und reduzieren lassen. Alle Zutaten auf 8 Tellern dekorativ anrichten (siehe Foto).

Gefüllte Crêpes mit Kohlrabi

Für den Teig:
200 g Mehl
7 EL Haselnüsse, gehackt
1/8 l Mineralwasser
1/4 l Milch
3 Eier
1 Prise Salz
4 EL Öl

Für die Füllung:
500 g Kohlrabi
1 Würfel Gemüsebrühe
1 Fl Butter
2 EL Mehl
2 EL Crème fraîche
2 EL Petersilie, gehackt

150 g Mozzarella

Mehl, Haselnüsse Mineralwasser, Milch, Eier und Salz zu einem Teig verrühren und 30 Minuten ruhen lassen.

Das Öl portionsweise in einer Pfanne erhitzen und nacheinander 8 dünne Crêpes backen.

Für die Füllung die Kohlrabi schälen und in kleine Stücke schneiden. Knapp 1/2 l Wasser in einem Topf zum Kochen bringen, den Brühwürfel darin auflösen, die Kohlrabistücke zugeben und ca. 10 Minuten köcheln lassen. Die Brühe in einen Topf abgießen.

Die Butter in einer Pfanne erhitzen, das Mehl zugeben und anschwitzen. Mit der Brühe aufgießen und die Crème fraîche unterrühren. Die Petersilie und die Kohlrabistücke zugeben und kurz aufkochen.

Den Backofen auf 220 °C vorheizen.

Das Gemüse auf die Crêpes verteilen, zu Tüten falten und nebeneinander in eine Auflaufform schichten.

Den Käse in Würfel schneiden, über die Crêpes geben und im Backofen ca. 15 Minuten überbacken.

Spinatcrêpes mit Käsesoße

Für den Teig:
130 g Mehl
3/4 l Milch
300 g Spinat
2 Eier
Salz, Pfeffer, Muskatnuss
2 EL Öl zum Backen

Für die Käsesoße:
30 g Butter
40 g Mehl
1/2 l Milch
150 g geriebener Appenzeller
Salz, Muskatnuss, Paprika

Das Mehl mit der Milch verrühren und 30 Minuten quellen lassen. Inzwischen den Spinat waschen, verlesen und mit kochendem Wasser überbrühen. Anschließend gut ausdrücken und fein hacken.

Die Eier verquirlen und unter das Mehl-Milch-Gemisch rühren. Den Spinat unterheben und den Teig mit Salz, Pfeffer und Muskatnuss würzen. Das Öl portionsweise in einer Pfanne erhitzen und nacheinander 4 Crêpes backen, aufrollen, in 1 cm dicke Streifen schneiden und die Röllchen in eine Auflaufform schichten.

Den Ofen auf 220 °C vorheizen.

Für die Käsesoße die Butter in einem Topf erhitzen, das Mehl unter Rühren zugeben und kurz aufkochen. Mit Milch ablöschen, gut verrühren und kurz aufkochen. Den Käse in die Soße geben und schmelzen lassen. Mit Salz, Muskatnuss und Paprika abschmecken, die Soße über die Crêpesröllchen gießen und im Backofen ca. 15 Minuten überbacken, bis der Käse leicht braun ist.

Vollkorncrêpes mit Pilzen

Für den Teig:

130 g Weizenvollkornmehl
(leicht gesiebt)
1 Ei
1 Eigelb
100 ml Milch
100 g süße Sahne
1 Prise Salz
Muskatnuss, gerieben
2 EL Öl zum Backen

Für die Füllung:

200 g Champignons
2 mittelgroße Zwiebeln
2 Knoblauchzehen
2 EL kaltgepresstes Son-
nenblumenöl
1 Tasse selbst gekeimte
Sojasprossen oder 1 Glas
Sojakeimlinge (Reformhaus)
2 Stängel glatte Petersilie
Hefestreuwürze
(Reformhaus)
Pfeffer
wenig Schabzigerklee
(Reformhaus)
Saft einer halben Zitrone
100 g süße Sahne
1 TL Weizenvollkornmehl

Mehl, Ei, Eigelb, Milch, Sahne, Salz und Muskatnuss vermengen und 30 Minuten ruhen lassen.

Für die Füllung die Champignons putzen, abreiben und blättrig schneiden. Die Zwiebeln und den Knoblauch pellen und in kleine Würfel schneiden. Das Sonnenblumenöl in einer Pfanne erhitzen und die Champignons sowie die Zwiebel- und Knoblauchwürfel darin andünsten. Selbst gezogene Sojasprossen abspülen und blanchieren, (Sojakeimlinge aus dem Glas abtropfen lassen) und zu den Champignons geben. Die Petersilie waschen, trockenschütteln, die Blättchen abzupfen und fein hacken. Die Champignons mit Hefestreuwürze, der Hälfte der Petersilie, Pfeffer, Schabzigerklee und Zitronensaft abschmecken. Die Sahne zugeben, ca. 3 Minuten einköcheln lassen, mit Mehl bestäuben und aufkochen.

Das Öl portionsweise in einer Pfanne erhitzen und 4 dünne Crêpes backen. Die Champignonfüllung auf den Crêpes verteilen, einschlagen, mit der restlichen Petersilie bestreuen und sofort servieren.

TIPP *Wenn beim Backen der Crêpes etwas Teig in der Pfanne haften bleibt, müssen Sie diesen Rest mit Küchenpapier sauber entfernen, sonst gelingen die Crêpes, die Sie anschließend backen, nicht mehr (das gilt auch für Pfannkuchen). Je nachdem, welche Pfanne Sie verwenden, kann es notwendig sein, diese beim Wenden der Crêpes nochmals mit Fett einzupinseln, damit der Teig nicht kleben bleibt.*

Sommerliche Crêpes mit Beeren

Für den Teig:
4 Eier
270 g Mehl
1/2 TL Salz
1/4 l Milch
4 EL Öl

Für die Füllung:
250 g Blaubeeren
250 g Himbeeren
80 g Puderzucker

Minzeblättchen

Eier, Mehl, Salz und Milch mit einem Schneebesen verrühren. Nach und nach so viel Wasser zugießen (ca. 1/4 l), bis ein glatter dünnflüssiger Teig entsteht. Den Teig 30 Minuten zugedeckt ruhen lassen.
Das Öl portionsweise in einer Pfanne erhitzen. Etwas Teig einfüllen, dabei die Pfanne so schwenken, dass der Boden gerade bedeckt ist, den Teig von beiden Seiten goldgelb backen. Weitere 7 Crêpes ebenso backen. Alle Crêpes aufeinander schichten und im Backofen bei 50 °C warm halten.
Die Beeren waschen und gut abtropfen lassen. Die Crêpes aus dem Ofen nehmen, auf 4 Teller verteilen und mit den Beeren belegen. Die Crêpes jeweils zu einer Tüte falten und mit Puderzucker bestäuben. Mit Minzeblättchen garnieren und servieren.

Crêpetorte

Für den Teig:
130 g Mehl
1/2 TL Vanillinzucker
2 TL Zucker
1 Prise Salz
2 Eier
1/8 l Milch
1/8 l Mineralwasser
5 EL Öl
1 EL weißer Rum

Für die Füllung:
500 g Apfelmus
80 g Erdbeerkonfitüre
1 TL Zitronensaft
Puderzucker

Fett für die Form

Das Mehl in eine Schüssel sieben. Mit Vanillinzucker, Zucker und Salz vermengen. Die Eier verquirlen und mit dem Mehl zu einem festen Teigkloß schlagen. Die Milch und das Mineralwasser portionsweise unterrühren, bis der Teig cremig und dickflüssig ist. 1 EL Öl mit dem Rum unter den Teig ziehen und 30 Minuten ruhen lassen.
Inzwischen das Apfelmus in einem Topf kurz aufkochen und bei milder Hitze im offenen Topf ca. 1 Stunde unter gelegentlichem Rühren einkochen lassen. Die Erdbeerkonfitüre mit dem Zitronensaft vermengen.
Das Öl portionsweise in einer Pfanne erhitzen. Etwas Teig einfüllen, dabei die Pfanne so schwenken, dass der Boden gerade bedeckt ist und den Teig von beiden Seiten goldgelb backen. Weitere 7 Crêpes ebenso backen.
Den Backofen auf 180 °C vorheizen.
Eine gefettete Springform mit einer Crêpe belegen, mit der Hälfte der Konfitüre bestreichen, darauf wieder eine Crêpe legen und mit der restlichen Konfitüre bestreichen. Die übrigen Crêpes darauf schichten und jeweils mit Apfelmus bestreichen. Die letzte Crêpe nur mit Puderzucker besieben, die Form in den Ofen auf die mittlere Schiebeleiste stellen und die Torte ca. 10 Minuten backen. Dazu passt Vanilleeis.

Gefüllte Crêpes mit Kirschsoße

Für den Teig:
1/8 l Milch
1/8 l süße Sahne
2 Eier
50 g Zucker
100 g Mehl
4 EL Öl zum Backen

Für die Füllung:
250 g Sauerkirschen aus
dem Glas (entsteint)
200 g süße Sahne
50 g Zucker
1 Päckchen Vanillinzucker
2 Blatt weiße Gelatine
1 Beutel Kirschwasser-back
50 g Vollmilch-Raspel-
schokolade
2 Flaschen Kirschsoße

Milch, Sahne und Eier miteinander verquirlen. Den Zucker unterrühren, dann das Mehl unterziehen. Den Teig 30 Minuten ruhen lassen. Inzwischen für die Füllung die Sauerkirschen abtropfen lassen. Die Sahne mit dem Zucker und dem Vanillinzucker steif schlagen. Die Gelatine in kaltem Wasser einweichen, nach Packungsanweisung auflösen, etwas abkühlen lassen und unter die Sahne rühren. Das Kirschwasser-back zufügen, alles verrühren und im Kühlschrank kalt stellen. Wenn die Sahne zu gelieren beginnt, die Kirschen mit Haushaltspapier abtupfen und vorsichtig unterziehen.

Das Öl portionsweise in einer Pfanne erhitzen, jeweils etwas Teig hineingeben, nacheinander 8 dünne Crêpes backen und abkühlen lassen.

Jede Crêpe mit 1 EL Raspelschokolade bestreuen, mit etwas Kirschsahne füllen und aufrollen. Die Crêpes auf 4 Tellern anrichten und mit Kirschsoße servieren.

TIPP   *Sie können die 100 g Weizenmehl auch durch 50 g Weizenmehl und 50 g Weizenvollkornmehl ersetzen.*

Crêpes mit Erdbeerfüllung

100 g Mehl
1/4 l Milch
2 Eier
1 EL Zucker
1 Prise Salz
1 EL Butter
500 g Erdbeeren
2 Päckchen Vanillinzucker
30 g Mandelstifte
4 EL Öl

Mehl, Milch, Eier, Zucker und Salz zu einem dünnflüssigen Teig verrühren. Die Butter in einer Pfanne zerlassen, unter den Teig rühren und 30 Minuten ruhen lassen.

Inzwischen die Erdbeeren waschen, abtropfen lassen und putzen, dann halbieren und mit dem Vanillinzucker und den Mandelstiften vermischen.

Das Öl portionsweise in einer Pfanne erhitzen, jeweils etwas Teig hineingeben und 8 dünne Crêpes backen.

Die Erdbeermischung auf den heißen Crêpes verteilen, aufrollen auf 4 Teller verteilen und warm servieren.

Crêpes Suzette mit Vanilleeis und Schokosoße

Für den Teig:

130 g Mehl
3 Eier
1 Prise Salz
1 TL Puderzucker
1/8–1/4 l Milch
Öl zum Backen

Zum Flambieren:

50–60 g Butter
1 TL Zucker
Saft von 2 Orangen
1 Beutel Orange-back
6 cl Orangenlikör

Außerdem:

250 g Vanilleeis
1 Flasche Schokosoße
2 EL Mandeln, gehobelt

Aus Mehl, Eiern, Salz, Puderzucker und Milch einen flüssigen Teig anrühren und 30 Minuten ruhen lassen.

Jeweils etwas Öl in einer kleinen Pfanne erhitzen, dünne helle Crêpes von ca. 15 cm Ø backen, zu Vierteln falten und im Ofen bei 50 °C warm stellen.

Die weitere Zubereitung sollte bei Tisch mit den geeigneten Geräten vor den Gästen durchgeführt werden: Die Butter in einer Flambierpfanne (oder in einer anderen Pfanne) schmelzen, den Zucker dazugeben und karamellisieren lassen. Orangensaft, Orange-back und die Hälfte des Orangenlikörs einrühren.

Die Crêpes in die Pfanne legen, erhitzen und mit dem restlichen Orangenlikör flambieren.

Das Vanilleeis auf 4 Teller verteilen und die heißen Crêpes darauf legen.

Mit Schokosoße begießen und mit den Mandeln bestreut servieren.

Haselnusscrêpes mit heißen Himbeeren

Für die Himbeeren:

400 g Himbeeren
2 EL Zucker

Für den Teig:

4 Eier
200 g Mehl
70 g Haselnüsse, gerieben
1/2 TL Salz
1/4 l Milch
4 EL Öl

Die Himbeeren waschen und abtropfen lassen. 4 Esslöffel Wasser in einen Topf geben, den Zucker zufügen und kochen lassen, bis das Wasser fast verdampft ist. Die Himbeeren zufügen und bei milder Hitze im geschlossenen Topf erwärmen. Ein Viertel der Früchte durch ein Sieb drücken wieder zu den ganzen Beeren geben und warm stellen. Eier, Mehl, Haselnüsse, Salz und Milch verrühren. Nach und nach so viel Wasser zugießen (ca. 1/4 l), bis ein glatter dünnflüssiger Teig entsteht. Den Teig 30 Minuten zugedeckt ruhen lassen.

Das Öl portionsweise in einer Pfanne erhitzen. Etwas Teig einfüllen, dabei die Pfanne so schwenken, dass der Boden gerade bedeckt ist, den Teig von beiden Seiten goldgelb backen. Weitere 7 Crêpes ebenso backen. Die Crêpes auf 4 Teller verteilen, mit den Himbeeren garnieren und servieren.

Crêpes mit Bananenfüllung

Für den Teig:
1/8 l Milch
1/8 l süße Sahne
2 Eier
100 g Mehl
2 EL Zucker
1 Prise Salz
4 EL Öl zum Backen

Für die Füllung:
4 Bananen
2 EL Zucker
Saft von einer Zitrone
1 EL Bananensirup
100 g Butter
4 EL Kokosraspel

Außerdem:
Flüssige Butter
Zucker, 1 EL Kokosraspel

Die Milch mit der Sahne, den Eiern, dem Mehl, dem Zucker und dem Salz zu einem flüssigen Teig verrühren und 30 Minuten ruhen lassen.
Das Öl portionsweise in einer Pfanne erhitzen, jeweils etwas Teig hineingeben und nacheinander 8 dünne Crêpes backen.
Für die Füllung die Bananen schälen und würfeln. Mit dem Zucker, dem Zitronensaft und dem Bananensirup vermischen. Die Butter schaumig rühren, die Bananenwürfel und die Kokosraspel untermischen.
Den Backofen auf 200 °C vorheizen.
Die Füllung auf den Crêpes verteilen, die Crêpes zu Tüten falten, in eine feuerfeste Form setzen, mit der flüssigen Butter bepinseln und mit dem Zucker und den Kokosraspeln bestreuen.
Die Form in den Ofen schieben und die Crêpes ca. 10 Minuten backen oder die Crêpes unter dem Grill überbacken, bis die Füllung zerläuft.

Crêpes mit Ananasstückchen

2 Eier
100 g Mehl
1 Päckchen Vanillinzucker
1 EL Zucker
gut 1/8 l Milch
1 Schuss Bier
2 EL Grand Marnier
2 EL Öl zum Backen

Für die Füllung:
300 g Ananas in Stückchen
3 TL Zucker
2 TL Kirschwasser

Eier, Mehl, Vanillinzucker, Zucker, Milch, Bier und Grand Marnier zu einem Teig verrühren und 30 Minuten ruhen lassen.
Inzwischen für die Füllung die Ananasstückchen mit dem Zucker bestreuen und mit dem Kirschwasser beträufeln. Alles vermengen und im Kühlschrank ruhen lassen.
Das Öl portionsweise in einer Pfanne erhitzen, jeweils etwas Teig hineingeben und gut verteilen. 1–2 Esslöffel Ananasstückchen darauf verteilen, nochmals etwas Teig zufügen und die Fruchtstücke damit bedecken. Die Crêpes bei mittlerer Hitze backen, bis sie unten braun sind, wenden, von der anderen Seite fertig backen und warm stellen. Auf diese Weise 4 Crêpes backen.
Die Crêpes auf 4 vorgewärmte Teller verteilen und nach Belieben mit etwas Puderzucker bestreut servieren.

REZEPTREGISTER

REZEPTREGISTER

BILDNACHWEIS

Für die freundliche Überlassung des Bildmaterials danken wir folgenden Firmen (in alphabetischer Reihenfolge):

Heide Schwarzweller Segmenta PR, Hamburg:
Schwartauer Werke für die Seiten 40, 74, 88, 90
Mövenpick Café für die Seite 70

Herbert Wirths PR, Fischach:
Zottarella für die Seite 20
Dr. Grandel für die Seite 32

Ketchum Public Relations, München:
Deutsches Teigwaren-Institut für die Seite 8
Deutscher Käse für die Seiten 14, 16
USA-Sonnenblumenkerne für die Seiten 48, 56
Kikkoman für die Seite 80
Info-Bananen für die Seite 92

Maggi Kochstudio, Frankfurt am Main, für die Seite 82

Peter Kölln, Köllnflockenwerke, Elmshorn, für die Seiten 10, 36, 42, 46, 60

Reformhaus-Kochstudio, Oberursel, für die Seiten 22, 24, 28, 34, 84

Studio für Foto-Design G. Schilling & M. Schmitz, Köln:
CMA für die Seiten 50, 52, 54, 58, 64, 66, 68, 72

The Food Professionals, Sprockhövel:
Fuchs Gewürze für die Seiten 38, 62

Union Deutsche Lebensmittelwerke, Hamburg:
Rama balance für die Seiten 12, 30
Brunch für die Seite 76
Biskin Spezial für die Seite 86

Unisono, Hamburg:
BAARS für die Seite 26

wpr communication Elisabeth Rechenburg, Königswinter:
BVDF für die Seiten 6, 44, 78
CMA Raps für die Seite 18